CECIL McBEE

Stu...

JN052241

セシルマクビー スタディコレクション

 英語 数学 国語 理科 社会

for Second-Year
Junior High School Students

Gakken

About this book この本の特長

人気ファッションブランド「CECIL McBEE」とコラボした学習参考書だよ。
飽きずに勉強できる工夫が盛りこまれているから，楽しく勉強できるよ。

CECIL McBEEって？

あるときはキュートに，カジュアル
に，セクシーに……。
トレンドをとり入れつつ，今の自分
にあった魅力的なアイテムやファッ
ションを身につけたい。
そんなみんなの希望をかなえるた
めに，おしゃれでかわいいアイテム
やファッションのスタイルを提案す
るブランドが CECIL McBEE だよ。

どんな本？ どう使う??

中2の5教科の大切な内容が1冊
にぎゅっとまとまっているよ。イラ
ストが多くてさくさく読めるから，
授業の予習や復習，テスト前の要
点チェックにぴったりだよ。
コンパクトなサイズだから，かばん
に入れて持ち歩いて，休み時間や
電車での移動時間など，好きなと
きに使ってね。

何がついているの？

自由に
カスタマイズ
してね。

セシルベア

I ♥ CECIL

1 リバーシブルカバー

〈裏〉

〈表〉

表と裏でちがうデザイ
ンになっているよ。その
日の気分で好きな方
を使ってね♪

2 シール

MATH
数学

インデックスシール，名前
シール，ミニシールの3種類。

3 スタディプランニング
ノートブック

1日の勉強の記録
をつけられるよ。目標を
立てて取り組んでみてね。

社会科特別資料 # 最新ニュース

◆それぞれ該当する項目のところで，参考にしてください。

●世界と日本の人口

国連人口基金によると，2023年の世界の人口は約80億4500万人。これまで人口が最も多い国は中国だったが，2023年にはインド（14億2,860万人）が中国（14億2,570万人。香港，マカオ，台湾を除く数値）を抜いて，人口世界一になった。

総務省の発表によると，日本の人口は2023年9月時点で1億2,445万人（概算値）。2005年に第二次世界大戦後初めて減少に転じた後，徐々に減少しており，2056年には1億人を割り込むと予測されている。

●「自然災害伝承碑」の地図記号ができる

2019年6月，国土地理院はウェブ上の地図で，新しい地図記号「自然災害伝承碑」の掲載を始めた。この地図記号は，かつて起こった津波・洪水などの自然災害の被害を伝える石碑やモニュメントを表し，防災に対する意識を高めることなどを目的としてつくられた。

●デジタル庁が発足

2021年9月，デジタル庁が発足した。デジタル庁は省庁のデジタル化の遅れを改善するためにつくられた省庁で，各省庁間のシステムの統一・標準化や，国民が行う行政手続きの簡素化などを目的としている。

●こども家庭庁が発足

2023年4月，こども家庭庁が発足した。こども家庭庁は子どもについての政策の司令塔となる行政機関で，これまで内閣府，厚生労働省，文部科学省が別々に行っていた業務を一元化し，縦割り行政を解消するためにつくられた。

●成人年齢が18歳に

2018年6月，成人年齢を20歳から18歳に引き下げる改正民法と関連法が成立し，2022年4月1日に施行された。これによって，18歳になれば親の同意がなくてもローンやクレジットカードの契約が可能になった。結婚できる年齢はこれまで男子が18歳，女子が16歳だったが，男女ともに18歳に統一された。また，少年法の改正により，2022年4月から裁判員に選出される年齢も20歳から18歳に引き下げられた。

●衆議院の定数が465名に，参院選で2合区，10増10減

…17年6月，衆議院議員選挙の一票の格差是正を目的とする改正…選挙法が成立した。これによって小選挙区の区割りが変更さ…数は475名から465名に10減された。さらに，2022年11月…挙区の数を「10増10減」する改正公職選挙法が成立した。…票の格差が問題となっている参議院議員選挙については，…成立した改正公職選挙法によって，選挙区選挙で鳥取…島県と高知県が1つの選挙区（合区）とされ，定数…た。さらに2018年7月には，参議院の定数を242…48,比例…ること…挙で…優…

衆議院	参議院
定数　465名	定数　248名
小選挙区　289名	選挙区　　148名
比例代表　176名	比例代表　100名

▲衆議院と参議院の定数とその内訳

9300003564

●「奄美・沖縄」と「縄文遺跡群」が世界遺産に登録

2021年7月、「奄美大島、徳之島、沖縄島北部及び西表島」が世界自然遺産に、「北海道・東北北の縄文遺跡群」が世界文化遺産に登録された。これで日本にある世界遺産は、文化遺産が20件、自然遺産が5件の計25件となった。

●北陸新幹線が開業

2024年3月、北陸新幹線の金沢駅(石川県)～敦賀駅(福井県)間が開業する。これによって、東京駅から福井駅までは現在より30分以上短縮されることになる。北陸新幹線は今後も延伸され、最終的には敦賀駅～新大阪駅(大阪府)間が開業する予定である。

▲北陸新幹線のルート

地図内:
北陸新幹線
今回開業の区間
金沢駅
福井駅
東京駅
京都駅
敦賀駅
福井→東京 約30分短縮(2時間51分)
敦賀～新大阪 2046年開業予定
新大阪駅
東海道新幹線

2016年3月には、新青森駅(青森県)～新函館北斗駅(北海道)間で北海道新幹線が開業した。2030年度末には札幌駅までつながる予定。

●「アイヌ施策推進法」が施行

2019年5月、アイヌ民族を支援するための法律「アイヌ施策推進法(アイヌ民族支援法、正式名称:「アイヌの人々の誇りが尊重される社会を実現するための施策の推進に関する法律」)が施行された。この法律で、アイヌ民族は法律上初めて先住民族と位置づけられた。これに伴い、「アイヌ文化振興法」は廃止された。

●マケドニアが「北マケドニア」に

2019年2月、バルカン半島の国マケドニアは国名を「北マケドニア」に変更した。また、2018年4月にアフリカ南部の国スワジランド王国が国名を「エスワティニ王国」に変更した。2019年3月にはカザフスタンが首都名をアスタナから「ヌルスルタン」に変更したが、2022年9月に元の「アスタナ」に戻された。

●NAFTAがUSMCAに

2017年に発足したアメリカのトランプ政権は、カナダ・メキシコと北米自由貿易協定(NAFTA)の再交渉を進めてきた。2018年11月に新協定が署名され、2020年7月に新協定「アメリカ・メキシコ・カナダ協定(USMCA)」が発効した。これに伴い、NAFTAは失効した。

●EUの最新動向

2016年にイギリスで国民投票が行われ、イギリスがEUを離脱することが決定し、2020年1月31日に正式に離脱した。

また、2023年1月にはクロアチアがEU共通通貨のユーロを導入し、導入国は20か国となった。

地図内:
EU加盟国
EU加盟国・ユーロ導入国
スウェーデン
オランダ
エストニア
ラトビア
リトアニア
アイルランド
ベルギー
デンマーク
ブリュッセル(EU本部所在地)
フランス
ポーランド
ポルトガル
スペイン
※ギリシャ系住民が
キプロス共和国
▲EU加盟国

●中国が「一人っ子政策」

中国は1979年以来──で廃止した。一人っ子──限する政策で、人──齢化の進展な──

●新紙幣が──

2024年7月前半、──円札、五千円札、千円──が津田梅子、千円札が北──のために最先端の3Dホロ──いやすいようにユニバーサル──

左欄外(縦書き):
※歯舞諸島は歯舞群島に、奄美諸島は奄美群島に地名が統一された。

右欄外(縦書き):
※神通川は「じんづうがわ」から

右下(縦書き、断片):
2──公職選挙法が──れ、定数──には小選挙──同じく──2015年7月、──県と島根県、徳──が10増10減──から248(選挙区──代表100)に6増──が決定し、比例代表──が候補者名簿内──て優先的に当選──創設された。──の候補者を擁立──できる特定枠──

How to use 使ってみよう

 まとめのページ

♡ 会話形式の解説でしっかり理解！

セシルベアとガールズの会話を読むと，
要点がもっとよくわかるよ。

♡ 要点をチェック！

授業やテストでよく出る，
大切な内容ばかりがぎゅっ
とまとまっているよ。

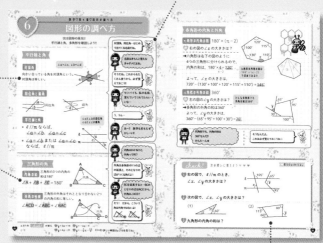

♡ 図やイラストが
　いっぱい

かわいくてわかりやすい
から，飽きずに読めるよ。

♡ チェック問題もあるよ

最後に力試し。このページの内容を理解
できたかどうか，チェックできるよ。

 チェックテスト
Check Test

教科別に確認問題がついているよ。
問題は定期テストの点数に直結する
ものばかり。巻末には解説もあるよ。
これでテストもこわくない♪

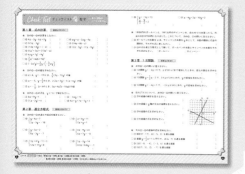

 ガールズライフコラム
Girl's Life Column

教科別のコラムも
あるよ。その教科
を身近に感じられ
る話題が載ってい
るから，苦手な教
科も好きになれる
かも？！

Contents 目次

English 英語

Science 理科

Social Studies 社会

Japanese

国語

CECIL Bear&Girls セシルベア＆ガールズ

みんなの勉強をサポートするメンバーだよ。
一緒（いっしょ）に楽しんで勉強しよう♪

LET'S STUDY!

I ♥ CECIL

HELLO!

HI!

数学

社会

英語

理科

国語

中学生活を満喫（まんきつ）するコツ

❤1 時間をうまく使おう

短い時間で集中することが大事！　すきま時間を使ったり，スケジュールを立てたりして勉強もおしゃれもパーフェクトになっちゃおう！

❤2 得意なものを見つけよう

勉強で，好きなこと，得意なことを見つけよう。それがみんなの自信になり，苦手なことにも向かっていく原動力になるよ。

❤3 あきらめずにチャレンジしよう

難しくても，結果がすぐに出なくても，あきらめないで！　勉強も部活も恋（こい）も，今精一杯頑張る（せいいっぱいがんば）ことは，みんなの将来の可能性を広げてくれるよ。

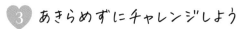

CECIL McBEE

Study Collection

English

英語の勉強が始まるよ。

生活

get up
起きる

change my clothes
服を着替える

wash my face
顔を洗う

have breakfast
朝食をとる

study at school
学校で勉強する

leave for school
学校へ出かける

practice basketball
バスケットボールの練習をする

get home
帰宅する

do my homework
宿題をする

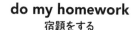

go to bed
寝る

take a bath
入浴する

watch TV
テレビを見る

1 one	**2** two	**3** three	**4** four	**5** five	**6** six
7 seven	**8** eight	**9** nine	**10** ten	**11** eleven	**12** twelve
13 thirteen	**14** fourteen	**15** fifteen	**16** sixteen	**17** seventeen	
18 eighteen	**19** nineteen	**20** twenty	**21** twenty-one	**22** twenty-two	
30 thirty	**40** forty	**50** fifty	**100** one hundred	**0** zero	

序数は、「○番目」と言う ときに使うよ。日付を言 うときにも使うんだ。

序数

first	1番目	sixth	6番目	eleventh	11番目
second	2番目	seventh	7番目	twelfth	12番目
third	3番目	eighth	8番目	thirteenth	13番目
fourth	4番目	ninth	9番目	fourteenth	14番目
fifth	5番目	tenth	10番目	fifteenth	15番目

曜日・月

Sunday
日曜日

Monday
月曜日

Tuesday
火曜日

Wednesday
水曜日

Thursday
木曜日

Friday
金曜日

Saturday
土曜日

January
1月

February
2月

March
3月

April
4月

May 5月

June
6月

July
7月

August 8月

September
9月

October
10月

November
11月

文化祭

December
12月

季節・天気

spring
春

sunny
晴れた

warm
暖かい

summer
夏

rainy
雨の

hot
暑い

fall
秋

cloudy
曇りの

cool
涼しい

winter
冬

snowy
雪の

cold
寒い

windy
風の強い

体・ファッション

T-shirt Tシャツ

blouse ブラウス

sweater セーター

jacket ジャケット

coat コート

body 体

head 頭部

hand 手

stomach 腹，胃

leg 脚

foot 足

face 顔

hair 髪の毛

eyebrow まゆ毛

ear 耳

eye 目

nose 鼻

mouth 口

arm 腕

knee ひざ

miniskirt ミニスカート

shorts ショートパンツ

jeans ジーンズ

shoes 靴

sneakers スニーカー

high heels ハイヒール

boots ブーツ

dress ワンピース

ホビー

movie
映画

video game
テレビゲーム

karaoke
カラオケ

dance
ダンス

shopping
買い物

concert
コンサート

sweets
スイーツ

barbecue
バーベキュー

camping
キャンプ

rug
ラグ

magazine
雑誌

cushion
クッション

be going to 〜

「(明日)〜するつもりです」「(明日)〜する予定です」などのように,
未来の予定を言うときの文だよ。

予定を表す文

〖 be動詞 + going to + 動詞の原形 〗で表す！
(am / are / is)

ふつうの文 I'm going to take dance lessons after school.

主語が I なのでam。

(私は放課後, ダンスのレッスンを受ける予定です。)

> 主語が I なら am,
> You や複数なら are,
> 3人称単数なら is だよ。

否定文 Mio isn't going to eat ice cream tonight.

be動詞のあとにnot。

(美緒は今夜, アイスを食べるつもりはありません。)

疑問文 Are you going to go to the movies tomorrow?

be動詞で文を始める。

(明日は, 映画を見に行く予定ですか。)

> くわしく
> 「はい」ならYes, I am. で,
> 「いいえ」ならNo, I'm not. で答えるよ。
> (ふつうのbe動詞の疑問文と同じ。)

**疑問詞が
ある場合** What is he going to do next Sunday?

疑問詞で始める。

(彼は今度の日曜日に何をするつもりですか。)

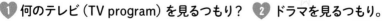

2 will

未来のことについて,「〜します」と決心したことを言うときや,
「〜するだろう」などと言うときの文だよ。

「〜します」「〜するだろう」の文

未来のことは[will+動詞の原形]で表す！

ふつうの文 My sister will be ten next month.

willのあとは動詞の原形。

（私の妹は来月,10歳になります。）

> **くわしく**
> 主語が3人称単数のときでも,willの形は変わらないよ。willのあとの動詞は原形にするよ。beはbe動詞（am, is, are）の原形だよ。

 I will は I'll,You will なら You'll,She will なら She'll という短縮した形をよく使うよ。

否定文 I won't watch TV today.

否定文はwillのあとにnot。短縮形のwon'tをよく使う。

（私は今日はテレビを見ません。）

> **くわしく**
> be going to 〜はすでに決めている予定,willは今その場で決めたことを言うときに使うよ。

疑問文 Will Kenta come to the party?

Willで文を始める。

（健太はパーティーに来るでしょうか。）

 未来の予想を言うときにもwillを使うんだね。

— Yes, he will. （はい。）

答えるときもwillを使う。

— No, he won't. （いいえ。）

p.17 の check! の答え ❶ What TV program are you going to watch?
❷ I'm[I am] going to watch a drama.

男の子に電話するの,
緊張するね。

I'll call him tonight.
(今夜, 彼に電話するよ。)

I won't eat chocolate today!
(今日は, チョコ
レートを食べ
ない！)

Will it be sunny tomorrow?
(明日は晴れる
かな？)

---

check! 英語で言ってみよう ♥ ♥ ♥

♥ 答えは p.20 だよ。

1. さやかは明日, 家にいるかな？

2. 私が手伝うよ。

19

3 have to 〜

「〜しなければならない」や「〜する必要はない」などと言うときの文だよ。

「〜しなければならない」の文

[have to / has to ＋動詞の原形]で表す！

ふつうの文 **I have to wash the dishes.**

> have to のあとは動詞の原形。

> have to はひとまとまりで、「〜しなければならない」という意味だよ。

（私はお皿を洗わなければなりません。）

Mio has to take care of her sister.

> 主語が3人称単数のときはhas toになる。

（美緒は妹の世話をしなければなりません。）

疑問文 **Do I have to clean this room?**

> DoまたはDoesで文を始める。

> **くわしく**
> 「はい」なら Yes, 〜 do[does]. で、「いいえ」なら No, 〜 don't[doesn't]. で答えるよ。
> （ふつうの一般動詞の疑問文と同じ。）

（私はこの部屋を掃除しなければなりませんか。）

★＝＝＝＝★＝＝★＝＝★＝＝★＝＝★＝＝★＝＝★＝＝★＝＝★＝＝★＝＝★

「〜する必要はない」の文

You don't have to go to school today.

> 主語が3人称単数のときはdoesn'tを使う。

> have to 〜 の否定文は、「〜する必要はない」「〜しなくてもよい」という意味になるよ。

（あなたは今日、学校へ行く必要はありません。）

p.19 の check! の答え　❶Will Sayaka be[stay] (at) home tomorrow?　❷I'll[I will] help you.

Tea Break
こんなときに使っちゃおう ♥

文化祭のバザーで売るチャーム，全部できた！ 美緒は終わった？

No.　I still have to make three more.
（できてない。まだあと3個作らなくちゃ。）

おっと (‘･ﾛ･‘)

Do I have to finish them by tomorrow?
（明日までに終わらせなきゃだめ？）

Yes, you do.　（そうだよ。）
明日，集めるんだから。

わかった。がんばるよ。

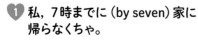

check!　英語で言ってみよう ♥ ♥ ♥

♥ 答えは p.22 だよ。

1 私，7時までに (by seven) 家に帰らなくちゃ。

2 私，今日は宿題をしなくていいんだ。

4

must, should

「〜しなければならない」と「〜したほうがいい」と伝えるときの言い方だよ。
「〜しなければならない」と言うときはhave to 〜を使ったね。
ここでは別の言い方を学習するよ。

「〜しなければならない」の文

〔 must＋動詞の原形 〕で表す！

ふつうの文 Haruna must practice the piano.

> 「〜しなければならない」

(春菜はピアノの練習をしなければなりません。)

> must は can などと同じ助動詞。助動詞のあとの動詞はいつも原形だよ。

否定文 You mustn't touch this doll.

> must のあとに not。短縮形は mustn't。

(この人形に触ってはいけません。)

> **くわしく**
> must の否定文と have to の否定文の意味の違いに注意しよう。
> ・You mustn't use a dictionary.
> （辞書を使ってはいけません。）…禁止
> ・You don't have to use a dictionary.
> （辞書を使う必要はありません。）…不必要

★＝☆＝★＝★＝★＝☆＝★＝☆＝★＝☆＝★＝★＝☆＝★＝☆＝★＝☆＝★＝★＝☆＝

「〜したほうがよい」の文

ふつうの文 You should see this movie.

> 「〜したほうがよい」「〜すべきだ」

(この映画を見たほうがいいですよ。)

> 感動する映画なのかな？

疑問文 Should I come early?

> Should で文を始める。

(私は早く来たほうがいいですか。)

p.21 の **check!** の答え ❶ I have to get home by seven.
❷ I don't[do not] have to do my homework today.

Tea Break
こんなときに使っちゃおう♥

I must keep this secret.
（この秘密, 守らなくちゃ。）

Which cake should I eat?
（どのケーキを食べ
るべき？）

You mustn't eat too much.
（食べ過ぎちゃだめ。）

---

check!　英語で言ってみよう ♥ ♥ ♥

♥答えは p.24 だよ。

❶ 私，一生懸命に英語の勉強をしなくちゃ。

❷ ここで写真を撮ってはだめだよ。

5 お願いする，許可を求める

「〜してくれますか」とお願いするときや，
「〜してもいいですか」と許可を求めるときの言い方だよ。

お願いする文

〔 Can you 〜? / Could you 〜? 〕で表す！

友達同士のとき **Can you help me?** （手伝ってくれる？）

> 気軽な場面ではCan you 〜?を使う。

丁寧に言うとき **Could you close the door?** （ドアを閉めていただけますか。）

> 丁寧にお願いするときはCouldを使う。

> お願いする表現にはほかに，Will you 〜?やWould you 〜?などもあるよ。

> 〈Can[Could] you 〜? への応じ方〉
> Sure.（もちろん。） Of course.（もちろん。）
> OK.（いいよ。） All right.（いいよ。）
> No problem.（いいですよ。）

★≡ ★≡ ★≡ ★≡ ★≡ ★≡ ★≡ ★≡ ★≡ ★≡ ★≡ ★≡ ★≡ ★≡

許可を求める文

〔 Can I 〜? / May I 〜? 〕で表す！

友達同士のとき **Can I use your eraser?** （あなたの消しゴム，使ってもいい？）

> 気軽な場面ではCan I 〜?を使う。

丁寧に言うとき **May I sit down?** （座ってもよろしいですか。）

> 丁寧に許可を求めるときはMayを使う。

> 応じるときは，Can you 〜?／Could you 〜?のときと同じ表現を使ってOKだよ。

p.23 の check! の答え ❶ I must[have to] study English hard. ❷ You mustn't[must not] take pictures[a picture] here. ／ Don't take pictures[a picture] here.

Tea Break
こんなときに使っちゃおう♥

May I help you?
（お手伝いいたしましょうか。／
いらっしゃいませ。）

― **Yes, please.
I'm looking for a
pink T-shirt.**
（お願いします。ピンクの
Tシャツを探しています。）

May I try this on?
（これを試着してもいいですか。）

**Could you get
that red bag?**
（あの赤いバッグを取って
いただけますか。）

― **OK.**（かしこまり
ました。）

 英語で言ってみよう ♥ ♥ ♥

♥答えは p.26 だよ。

1 （先生に）もう一度言っていただけますか。

2 （先生に）質問してもいいですか。

25

6 申し出るときなど

「(私が)〜しましょうか」と申し出るときや,
「(一緒に)〜しましょうか」と誘うときの言い方だよ。

申し出るときの文

〖 Shall I 〜? 〗で表す！

Shall I carry your bag? (あなたのバッグを運びましょうか。)

「(私が)〜しましょうか」という申し出・提案。

〈Shall I 〜? への応じ方〉
Yes, please.　　（はい, お願いします。）
Yes, thank you.（はい, ありがとうございます。）
No, thank you.　（いいえ, 結構です。）

★☆★☆★☆★☆★☆★☆★☆★☆★☆★☆★☆★☆★☆★☆★☆

誘うときの文

〖 Shall we 〜? 〗で表す！

Shall we go swimming? (一緒に泳ぎに行きましょうか。)

「(一緒に)〜しましょうか」

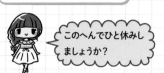

このへんでひと休みしましょうか？

〈Shall we 〜? への応じ方〉
Yes, let's.　　（はい, そうしましょう。）
Sounds good.（いいですね。）
Good idea.　　（いい考えですね。）

その他の誘う表現

Let's sing together. (一緒に歌いましょう。)

「〜しましょう」

Why don't we have some tea? (お茶でも飲みませんか。)

「(一緒に)〜しませんか」

p.25 の check! の答え ❶Could[Would] you say that again? ❷May I ask a question?

Tea Break
こんなときに使っちゃおう♥

What shall we do for Misaki's birthday party?
（私たち，美咲の誕生日パーティーに何をしようか?）

ダンスはどう?

いいね!☆

Shall I make our costumes?
（私が衣装を作ろうか?）

ありがとう♥

check! 英語で言ってみよう ♥ ♥ ♥

♥答えはp.28だよ。

1️⃣ 私がテレビを消し (turn off) ましょうか。

2️⃣ 私たちはどこで会いましょうか。

7 to＋動詞の原形①

「走るために公園へ来ました」などのように，「〜するために」と，
動作の目的を付け足すときの言い方だよ。

「〜するために」の文

〔to＋動詞の原形〕で表す！

「〜するために」

I went to the park to see Riku.

> 「〜するために」という目的を表す。

（私は陸に会うために公園に行きました。）

> ⟨くわしく⟩
> ⟨to＋動詞の原形⟩を不定詞と言うよ。
> to のあとの動詞はいつでも原形。主
> 語が3人称単数の文のときでも，過去
> の文のときでも，この形は変わらないよ。

Why 〜? への応答

> Why 〜?（なぜ〜ですか）の質問に，To 〜.を
> 使って目的を答えることもあるよ。

Why did you go to the shop?

（なぜそのショップへ行ったのですか。）

― To check the new items.

> 「〜するためです」と答えるときは，Toで始める。

（新商品をチェックするためです。）

> ⟨to＋動詞の原形⟩を使うと，「〜してうれしい」など，感情の
> 原因・理由を表すこともできるよ。
> ・I'm happy to see you. （あなたに会えてうれしいです。）
> ・I'm sorry to hear that. （私はそれを聞いて残念です。）

p.27の *check!* の答え ❶ Shall I turn off the TV? ❷ Where shall we meet?

Tea Break
こんなときに使っちゃおう♥

I went to the shop to buy a present for my mother.

（お母さんへのプレゼントを買うために
そのショップに行ったんだ。）

I need a new racket to play tennis.

（テニスをするために新しい
ラケットが必要なの。）

Why did you go to the mountain?

（なんで山へ行ったの？）

— To watch birds.

（鳥を見るためだよ。）

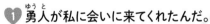

check!　英語で言ってみよう ♥ ♥ ♥

♥答えは p.30 だよ。

1 勇人が私に会いに来てくれたんだ。

2 写真を撮るのにスマホ
（my smartphone）を使ってるよ。

8

to＋動詞の原形②

「テレビを見るための時間があります」などのように，
「～するための○○」「～するべき○○」という言い方だよ。

「～するための○○」「～するべき○○」の文

〔名詞・代名詞＋to＋動詞の原形〕で表す！

名詞のあとに〈to＋動詞の原形〉

I have a lot of homework to do.
名詞

（私はするべき宿題がたくさんあります。）

> どんな宿題かをうしろから説明。

> 〈to＋動詞の原形〉が前の名詞をうしろから説明しているんだ。「するべき宿題」という意味になるんだよ。

> 「何か温かい飲み物」はsomething hot to drinkと言うよ。

代名詞のあとに〈to＋動詞の原形〉

I want something to drink.
代名詞

（私は何か飲むものが欲しいです。）

> somethingをうしろから説明。

Do you have anything to do after school?

（放課後，何かすることがありますか。）

> anythingをうしろから説明。

☆ くわしく

> something to ～ → （ふつうの文で）～するための何か
> anything to ～ → （否定文・疑問文で）～するための何か
> nothing to ～ → ～することが何もない

p.29の check! の答え ❶Yuto came to see me. ❷I use my smartphone to take pictures.

I want a case to keep my favorite things in.
（お気に入りのものをしまうための小物入れが欲しいんだ。）

へぇ。

But I don't have time to go shopping.
（でも，買い物に行く時間がないんだよね。）

I have something to give you.
（私，あげるものがあるんだ。）

何？

かわいい！　ありがとう♥

答えは p.32 だよ。

check!　英語で言ってみよう ♥ ♥ ♥

 テレビを見る時間だ。

 あなたに言いたいことがあるんだ。

9 to＋動詞の原形③, 動名詞

「歌うことが好き」などのように、「〜すること」という言い方だよ。
2通りの言い方があるよ。

「〜すること」を表す文

〚to＋動詞の原形〛〚動詞のing形〛で表す！

〈to＋動詞の原形〉

I like to travel abroad.

（私は海外を旅行するのが好きです。）

> like to 〜で「〜することが好き」。

I want to visit Paris. （私はパリを訪れたいです。）

> want to 〜で「〜したい」。

> この〈to＋動詞の原形〉は, likeや want の目的語の働きをしているよ。

動詞の目的語になる〜ing

We enjoyed watching a movie.

（私たちは映画を見て楽しみました。）

> enjoy 〜ingで「〜して楽しむ」。

> enjoy のあとに 〈to＋動詞の原形〉は こないよ。

☆くわしく

> この watching は「見ること」という意味でenjoy の目的語の働きをしているんだ。このように「〜すること」という意味を表す動詞の ing 形を動名詞と言うよ。

文の主語になる〜ing

Reading books is interesting.

（本を読むことはおもしろいです。）

> 動詞のing形は文の主語にもなる。

★≡

〈to＋動詞の原形〉があとに続く動詞

★ want to 〜（〜したい）
★ like to 〜 （〜することが好き）
★ start to 〜（〜し始める）
★ begin to 〜（〜し始める）
★ try to 〜 （〜しようとする）
★ hope to 〜（〜することを望む）

動名詞があとに続く動詞

★ enjoy 〜ing（〜して楽しむ）
★ finish 〜ing（〜し終える）
★ stop 〜ing （〜するのをやめる）

※ like, start, begin は, ing 形もあとに続きます。

p.31 の check! の答え ❶ It's[It is] time to watch TV. ❷ I have something to tell[say to] you.

**It started to rain. /
It started raining.**

（雨が降り始めたよ。）

**What do you want to be
in the future?**

（将来は何になりたいの？）

**— I want to be a fashion
designer.**

（ファッションデザイナーになりたいな。）

**I finished writing
my report.**

（レポートを書き終えたよ。）

**Singing karaoke
is a lot of fun.**

（カラオケを歌うのはすごく楽しい。）

check!　英語で言ってみよう ♥ ♥ ♥

♥答えは p.34 だよ。

❶ いつか（someday），彼に会いたいな。

❷ 昨日，さやかとおしゃべりして
楽しんだよ。

10 接続詞①（that, when）

接続詞は文と文をつなぐ働きをするよ。接続詞を使って，
「私は〜だと思う」「〜のとき…」などと伝えるときの言い方だよ。

接続詞 that の文

> 「私は〜だと思う」は
> 〚I think that 〜.〛で表す！

I think that she's stylish. （私は彼女はおしゃれだと思います。）

このthatはよく省略される。that以下がthinkの目的語。

この that は接続詞で，「〜ということ」という意味。文と文をつなぐ働きをするよ。

★くわしく

接続詞 that と一緒に使われる動詞には，次のようなものがあるよ。
I know that 〜.（〜だということを知っている）
I say that 〜.（〜と言う）
I hope that 〜.（〜だといいなと思う）

接続詞 when の文

> 「〜のとき」は〚when 〜〛で表す！

I lived in Kyoto when I was three.

「〜のとき」

（私は3歳のとき京都に住んでいました。）

＝When I was three, I lived in Kyoto.

文の最初にくることもある。

接続詞のWhenで文を始めるときは，文と文の間に「,」（コンマ）が入るんだね。

p.33 の check! の答え ❶ I want[hope] to meet[see] him someday.
❷ I enjoyed talking with Sayaka yesterday.

> **I think I'm a lucky girl.**
> （私って，ラッキーだと思う。）

何があったの？

> **I found a heart-shaped cookie when I was eating a bag of cookies.**
> （クッキーを食べてるとき，ハート形のを見つけたんだ。）

Did you know every bag has a heart-shaped one?
（どの袋にもハート形のが入ってるって知ってた？）

> **ホント？** (*'ᴥ'*)

And, I think you eat too much.
（あとさ，食べすぎだと思うよ。）

check!　英語で言ってみよう ♥ ♥ ♥

　♥ 答えは p.36 だよ。

1 私，このマンガは
すばらしいと思うんだ。

2 私が電話したとき，美紀は眠って
たよ。

35

11 接続詞②（if, because）

「もし～ならば」と仮定の条件を言うときや，
「（なぜなら）～だから」と理由を伝えるときの言い方だよ。

接続詞 if の文

「もし～ならば」は [if ～] で表す！

I'll help you if you're busy.　（もし忙しいなら，私が手伝います。）

「もし～ならば」

=If you're busy, I'll help you.

文の最初にくることもある。

> If で文を始めるときは，
> 文と文の間に「,」（コンマ）
> が入るよ。

> ☆POINT!
> if ～ に続く文では，未来のことでも現在形で表すよ。
> ・I'll stay at home if it rains tomorrow.
> 　（もし明日雨降りなら，私は家にいます。）

★=☆=★=☆=★=☆=★=☆=★=☆=★=☆=★=☆=★=☆=★=☆=★

接続詞 because の文

「～だから，～なので」は [because ～] で表す！

I was late because I missed the bus.

「～なので」

（私はバスに乗り損ねたので，遅刻しました。）

> スイーツをたく
> さん食べたから，
> 幸せだなぁ。

> ☆くわしく
> because は，Why ～? の疑問文に理由を答えるときにも使われるよ。
> ・Why did you go home early?（なぜ早く家に帰ったのですか。）
> 　− Because I was sick.（なぜなら，具合が悪かったからです。）
> また，Why ～? には To watch TV.（テレビを見るためです。）のよ
> うに，目的を答えることもあるよ。（→p.28）

p.35 の check! の答え ❶ I think (that) this comic (book) is wonderful[great].
❷ Miki was sleeping when I called her. [When I called Miki, she was sleeping.]

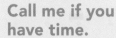

Tea Break
こんなときに使っちゃおう♥

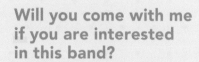

Call me if you have time.
（もし時間があれば，電話してね。）

Will you come with me if you are interested in this band?
（もしこのバンドに興味があるのなら，
一緒に来ない？）

Concert!
Concert!

Nao studies French because she wants to live in Paris.
（奈央はパリに住みたいので，
フランス語を勉強しています。）

Bonjour!

check! 英語で言ってみよう ♥ ♥ ♥

答えはp.38だよ。

1 明日暑かったら，プールに行くつもり。

2 疲れていたから，早く寝たよ。

37

12

There is 〜.

物などについて「…に〜があります」と言うときや、
人や動物などについて「…に〜がいます」と言うときの文だよ。

「〜があります」という文

〚 There is 〜. / There are 〜. 〛で表す！
　　（単数のとき）　　　　　（複数のとき）

ふつうの文 There is a sofa in my room.

> a sofa〈単数〉なのでisを使う。

（私の部屋にはソファが〈1つ〉あります。）

There are two posters on the wall.

> two posters〈複数〉なのでareを使う。

（壁にポスターが2枚貼ってあります。）

> 文の最後には、ふつう場所を表す語句が続くよ。

疑問文 Are there any coffee shops near here?

> be動詞で文を始める。

（この近くにコーヒーショップはありますか。）

— Yes, there are. （はい。）/ No, there aren't.
　　　　　　　　　　　　　　　　　　　　（いいえ。）

> 答えの文でもthereを使う。

> 疑問文の作り方は、ふつうのbe動詞の文と同じだね。

> 〈くわしく〉
> 「〜がありました」「〜がありましたか」などのように、過去のことを言うときは、be動詞を過去形にするよ。
> ・There were a lot of people in this village.
> 　（この村にはたくさんの人がいました。）
> ・Was there a tall tree in this park?
> 　（この公園には背の高い木がありましたか。）

How many girls are there in this club?

> 数をたずねるときはHow manyで始める。

（このクラブには何人の女の子がいますか。）

p.37の check! の答え 1 I'll[I will] go to the pool if it's[it is] hot tomorrow.／If it's[it is] hot tomorrow, I'll[I will] go to the pool. 2 I went to bed early because I was tired.

Tea Break
こんなときに使っちゃおう ♥

There are a lot of cute animals in this pet store.
（このペットショップにはかわいい動物がたくさんいるよ。）

Excuse me. Is there a bus stop near here?
（すみません。この近くにバス停はありますか。）

Were there any comic books in Sayaka's room?
（さやかの部屋にはマンガ本はあった？）

How many people are there in your family?
（家族は何人いるの？）
— There are four.
（4人だよ。）

check! 英語で言ってみよう ♥ ♥ ♥

♥ 答えは p.40 だよ。

1 私のクラスには，生徒が35人いるよ。

2 あのコンビニにファッション雑誌，置いてあった？

13 look, becomeなど

〈〜に見える〉, 〈〜になる〉などと言うときの文だよ。

look などの文

```
「〜に見える」…〔look＋形容詞〕
「〜になる」 …〔become＋形容詞・名詞〕
        …〔get＋形容詞〕
```

「〜に見える」の文 **Miho looks happy.** （美穂はうれしそうに見えます。）

> 「〜に見える」 Miho＝happyの関係。

☆くわしく☆
名詞を続けて「（まるで）〜のように見える」
と言うときは, look like を使うよ。
・That tree looks like a bird.
（あの木は鳥のように見えます。）

「〜になる」の文 **Miho became a pianist.** （美穂はピアニストになりました。）

> 「〜になる」 Miho＝a pianistの関係。

Miho became famous. （美穂は有名になりました。）

> Miho＝famousの関係。

becomeのあとには, 名詞
または形容詞がくるよ。
lookのあとは形容詞だけ。

「〜になる」の文 **It's getting dark.** （暗くなってきました。）

> getのあとは形容詞。

〈その他の同じ文型を作る動詞〉
・That sounds good.
（〈人の話を聞いて〉それはいいですね。
[それはよさそうに聞こえます。]）
・This cake smells good.
（このケーキはおいしそうなにおいがします。）

I feel tired.
私, 疲れちゃった。

p.39 の check! の答え ① There are thirty-five students in my class.
② Were there any fashion magazines in[at] that convenience store?

Tea Break
こんなときに使っちゃおう♥

She looked different today.
（今日, 彼女は雰囲気が
違ってたよ。）

She became a model.
（彼女, モデルになった
んだって。）

Her skirt looks very cute.
（彼女のスカート, すごく
かわいいね。）

check! 英語で言ってみよう ♥ ♥ ♥

♥答えは p.42 だよ。

1 あなた, 眠そうだね [眠そうに見えるよ]。

2 私たち, 仲良し (good friends) になったよ。

41

14

give, showなど

「(人)に(物)をあげる」,「(人)に(物)を見せる」などと言うときの文だよ。

give などの文

「(人)に(物)をあげる」…〔give＋人＋物〕
「(人)に(物)を見せる」…〔show＋人＋物〕

(人)に(物)をあげる

I gave my father a scarf.

 「あげる」　 人　物

（私は父にマフラーをあげました。）

> 語順が大切。give のあとは、「人」「物」の順番だよ。

(人)に(物)を見せる

Haruna showed me some pictures.

 「見せる」　 人　 物

（春菜は私に写真を見せてくれました。）

☆POINT!

「人」を表す語が「私」の場合は me を,「彼」なら him を,「彼女」なら her を使うよ（代名詞の目的格）。I, he, she の形は使わないから注意！

★三☆三★

目的語を2つとる動詞

tell Can you tell me your hobby?

「(人)に(物)を伝える」

（あなたの趣味を私に教えてくれますか。）

send Please send me an image.

「(人)に(物)を送る」

（私に画像を送ってください。）

teach Mr. Smith teaches us English.

「(人)に(物)を教える」

（スミス先生は私たちに英語を教えています。）

ask Let's ask that woman the way.

「(人)に(物)をたずねる」

（あの女性に道をたずねよう。）

p.41の check! の答え ❶You look sleepy. ❷We became good friends.

Tea Break
こんなときに使っちゃおう♥

HELP! Can you show me your math notebook?
(助けて！ 数学のノート，見せてくれる？)

えーっ。やだ。(・ □・)

お願い。
Please tell me the answer to No. 3.
(3番の答えを教えて。)

自分で考えなよ。

I'll give you a cute barrette.
(かわいいバレッタ，あげるよ。)

しかたないなぁ。
I'll teach you math.
(数学を教えてあげるよ。)

check! 英語で言ってみよう ♥ ♥ ♥

♥答えは p.44 だよ。

❶ ジョン (John) がプレゼントを
　くれたんだ。

❷ 今夜，メールを送るね。

43

15 比較①

2つのものを比べて「…よりも〜」と言ったり，
3つ以上のものを比べて「…の中でいちばん〜」と言ったりする文だよ。

比較の文

「…よりも〜」は〔比較級＋than〕！
（形容詞・副詞に er）

「…の中でいちばん〜」は〔the 最上級＋in/of〕！
（形容詞・副詞に est）

比較級 Haruna is taller than Mio. （春菜は美緒よりも背が高いです。）

> 比較級は〜erの形。「より〜」という意味。

> than は「…よりも」という意味。あとには比べるものが続くよ。

最上級 Kenta runs the fastest in our class.

> 前にtheをつける。

> 最上級は〜estの形。「いちばん〜」という意味。

（健太はクラスでいちばん速く走ります。）

☆ くわしく

最上級の文で「…の中で」を表す in と of は，次のように使い分けるよ。
・〈in ＋場所や範囲〉
 in my family（家族で）　　　　　in Japan（日本で）
・〈of ＋複数〉
 of the three（3つ[3人]の中で）　 of all（すべて[全員]の中で）

比較級・最上級の作り方

❶ er, estをつける
★tall { ▶taller
（背が高い） { ▶tallest
★old { ▶older
（古い） { ▶oldest

❷ r, stだけつける
★large { ▶larger
（大きい） { ▶largest
★nice { ▶nicer
（すてきな） { ▶nicest

❸ yをier, iestに
★busy { ▶busier
（忙しい） { ▶busiest
★easy { ▶easier
（簡単な） { ▶easiest

❹ 1字重ねてer, est
★big { ▶bigger
（大きい） { ▶biggest
★hot { ▶hotter
（暑い） { ▶hottest

❺ 不規則に変化する語
★good / well { ▶better
（よい/上手に） { ▶best
★many / much { ▶more
（多数の/多量の） { ▶most

p.43 の check! の答え ❶John gave me a present.
❷I'll[I will] send you an e-mail tonight. ／ I'll[I will] e-mail you tonight.

Tea Break
こんなときに使っちゃおう♥

My smartphone is newer than Rina's.
（私のスマホは里菜のより新しいよ。）

My dog, Cocoa, is the prettiest in the world.
（ウチの犬のココアが世界中でいちばんかわいい。）

This T-shirt is cheaper than that one.
（このTシャツはあれよりも安いよ。）

Arisa sings the best of all the students.
（ありさは全生徒の中でいちばん歌が上手なんだよ。）

---

check!　英語で言ってみよう ♥ ♥ ♥

答えは p.46 だよ。

1 私はお兄ちゃんよりも早く起きるよ。

2 お兄ちゃんは家族でいちばん背が高いよ。

16

比較②

more，mostを使った比較の文と、「…と同じくらい〜」と言うときの文だよ。

比較の文（つづりが長い語）

つづりが長い形容詞・副詞の場合，
「より〜」は〖more＋形容詞・副詞〗!
「いちばん〜」は〖the most＋形容詞・副詞〗！

比較級 In my class, tennis is more popular than badminton.

前にmore。

×*popularer*とは
ならないんだね。

（私のクラスでは，テニスはバドミントンよりも人気があります。）

最上級 This question is the most difficult in the book.

前にthe most。

この問題はその本の中で
いちばん難しい。

くわしく

more, mostをつける語
- popular （人気のある）
- beautiful （美しい）
- interesting （おもしろい）
- difficult （難しい）
- important （重要な）
- exciting （わくわくさせる）
- famous （有名な）
- useful （役に立つ）
- slowly （ゆっくりと）

★☆★☆★☆★☆★☆★☆★☆★☆★☆★☆★☆★☆★

「…と同じくらい〜」の文

「Aと同じくらい〜」は〖as 〜 as A〗!

I'm as tall as Sayaka.

（私はさやかと同じくらいの背の高さです。）

形容詞・副詞をasとasではさむ。

er や est がついた形は使わな
いよ。もとの形のままだよ。

☆ **POINT!**

not as 〜 as A は「Aほど〜ではない」という意味に
なるよ。「Aと同じくらい〜ではない」という意味で
はないことに注意！
・My pencil case is not as new as yours.
（私のペンケースはあなたのほど新しくありません。）

p.45 の check! の答え ❶ I get up earlier than my brother. ❷ My brother is the tallest in my family.

Tea Break
こんなときに使っちゃおう♥

This dress is the most popular in our shop.

（当店では，このワンピがいちばん人気です。）

This picture may be the most famous in the world.

（この絵が世界でいちばん有名かも。）

This comic book is more exciting than that one.

（このマンガはあのマンガよりもわくわくするよ。）

My mother is as old as Mr. Ito.

（お母さんは伊藤先生と同じくらいの年齢だよ。）

---

check! 英語で言ってみよう ♥ ♥ ♥

▼ 答えは p.48 だよ。

1 この英文（English sentence）はこのレッスンでいちばん重要だよ。

2 私には，英語って数学と同じくらい難しいんだ。

17

比較（ひかく）③

2つのものを比べて「〜のほうが好き」と言うときや，
3つ以上のものの中で「〜がいちばん好き」と言うときの文だよ。

「BよりもAのほうが好き」の文

〔like A better than B〕で表す！

ふつうの文 I like skirts better than pants.

betterを使う。

（私はパンツよりもスカートが好きです。）

疑問文 Which do you like better, this blouse or that one?

「どちら」とたずねるときはWhich。

（このブラウスとあのブラウスでは，どちらが好きですか。）

> I like that one better!
> （私はあっちのブラウスのほうが好き！）

★＝★＝★＝★＝★＝★＝★＝★＝★＝★＝★＝★＝★＝★＝★＝

「Aがいちばん好き」の文

〔like A the best〕で表す！

ふつうの文 I like English the best of all subjects.

bestを使う。

（私は全教科の中で英語がいちばん好きです。）

疑問文 Which subject do you like the best?

WhichまたはWhatでたずねる。

（どの教科がいちばん好きですか。）

> like 〜 the best の
> the は省略すること
> もあるよ。

---

p.47 の check! の答え ❶ This English sentence is the most important in this lesson.
❷ English is as difficult[hard] as math for me.

48

 Which do you like better, this red mascot or this blue one?
(この赤いマスコットとこっちの青いマスコット，どっちが好き?)

 Hmm, I like the red one better.
(ええと，私は赤いのが好き。)

 わかった。 赤いのを彼にあげよ♥ 次はこれ。
Which headband do you like the best?
(どのヘアバンドがいちばん好き?)

 Hmm..., I like the left one the best.
(んー…，左のがいちばん好きだな。)

答えは p.50 だよ。

check! 英語で言ってみよう ♥ ♥ ♥

❶ 私は，チェック (checks) よりストライプ (stripes) が好き。

❷ どの季節がいちばん好き?

18 受け身①

「受け身」とは，「〜される」「〜されている」というような言い方のことだよ。

受け身の文

〔be動詞＋過去分詞〕で表す！

現在の受け身の文 【am/are/is + 過去分詞】

This bag is sold only on the internet.

（このバッグはインターネットだけで売られています。）

過去の受け身の文 【was/were + 過去分詞】

This store was opened last month.

（この店は先月オープンしました。）

「〜によって」のように，動作をする人を言うときはbyを使うよ。

These dresses are loved by young girls.

by 〜で動作をする人を表す。

（これらのドレスは若い女の子たちに〈によって〉愛されています。）

★≡★≡★≡★≡★≡ ★ ≡★≡★≡★≡★≡

過去分詞は過去形と形が同じものがほとんどだけど，形が異なるものもあるよ。

よく使う過去分詞 *p.64-65の「不規則動詞の語形変化表」も確認しよう。

〈原形〉	〈過去形〉	〈過去分詞〉
★use（使う）	－ used	－ used
★make（作る）	－ made	－ made
★build（建てる）	－ built	－ built
★give（与える）	－ gave	－ given

〈原形〉	〈過去形〉	〈過去分詞〉
★speak（話す）	－ spoke	－ spoken
★write（書く）	－ wrote	－ written
★see（見る）	－ saw	－ seen
★take（取る）	－ took	－ taken

p.49の check! の答え
❶ I like stripes better than checks.
❷ What[Which] season do you like (the) best?

Tea Break
こんなときに使っちゃおう♥

旅行,行ったんだって?

写真見せてあげるね!
This picture was taken in Okinawa.
(この写真,沖縄で撮ったんだ。)

あ,その水族館,知ってる! 有名だよね。

This aquarium is visited by a lot of people every year.
(この水族館には,毎年,たくさんの人が訪れてるよ。)

Many kinds of fish can be seen there.
(たくさんの種類の魚が見られるんだ。)

いいな。私も行きたいな☆

check! 英語で言ってみよう ♥ ♥ ♥

答えは p.52 だよ。

1 山田先生 (Mr. Yamada) は多くの生徒に愛されているよ。

2 私たちの学校は50年前に建てられたんだ。

19 受け身②

「〜されません」「〜されますか」というような，受け身の否定文と疑問文だよ。

受け身の否定文，疑問文

> 否定文…be動詞のあとにnot
> 疑問文…be動詞で文を始める

否定文 My favorite song was not sung in the concert.

> be動詞のあとにnot。

（私の大好きな歌はそのコンサートで歌われませんでした。）

疑問文 Is English taught by Ms. Sato this year?

> be動詞で文を始める。

（今年,英語は佐藤先生に教わっているの？）

— Yes, it is. （はい,そうです。）

— No, it isn't. （いいえ,違います。）

> be動詞を使って答えるよ。

Where was the Rugby World Cup held in 2019?

> Whereのあとは疑問文の語順。

（2019年にラグビーワールドカップはどこで開かれましたか。）

— It was held in Japan.

（日本で開かれました。）

めっちゃ,
応援したなあ。

p.51 の check! の答え ❶Mr. Yamada is loved by a lot of[many] students.
❷Our school was built fifty years ago.

Are the classrooms cleaned by the students? （教室は生徒たちが掃除するの？）

— Yes, they are. （そうだよ。）

日本では生徒が自分たちの教室を掃除するけど，欧米では清掃員の人が掃除してくれるんだって！ちょっとうらやましいかも…。

When will the fireworks festival be held this year?

（今年の花火大会はいつ開催されるのかな？）

---

check! 英語で言ってみよう ♥ ♥ ♥

答えは p.54 だよ。

1 私，彼の誕生日パーティーに招待されていないんだ。

2 あなたの国で，すしは食べられてるの？

53

20 現在完了形①「継続」

現在完了形の継続の文は、「ずっと東京に住んでいる」のように
ある状態が続いていることを言うときに使うよ。

現在完了形「継続」の文

〘 have / has ＋過去分詞 〙で表す！

ふつうの文 I have lived in Tokyo for ten years.
(私は10年間東京に住んでいます。)

> POINT!
> 〈「継続」の文でよく使う語〉
> for ～ (～の間)
> since ～ (～以来)

否定文 I haven't seen her since last Friday.

have / has のあとに not。

短縮形の haven't, hasn't
もよく使うよ。

(私はこの前の金曜日以来彼女を見かけていません。)

疑問文 Has she been busy since last week?

Have / Has で文を始める。

(彼女は先週からずっと忙しいのですか。)

— Yes, she has. (はい、そうです。)
— No, she hasn't. (いいえ、違います。)

have / has を使って
答えるんだね。

How long have you known her?
(彼女と知り合ってどれくらいになるの？)

— I've known her for two years.
(知り合って2年です。)

How long ～? を使って「期間」
をたずねることができるよ。

p.53 の check! の答え
❶ I'm [I am] not invited to his birthday party.
❷ Is sushi eaten in your country?

Tea Break
こんなときに使っちゃおう♥

I've used this bag for two years.
（このかばん、2年間使ってる。）
そろそろ新しいのが欲しいな。

先週、いいかばんを見つけたんだ。
I've wanted that bag since then.
（それからずっとそのかばんが欲しいんだ。）

How long have you used your bag?
（今のかばん、どれくらい使ってるの?）

For a month.　（1か月。）

買ったばっかりじゃん。

---

 check!　英語で言ってみよう ♥ ♥ ♥　♥ 答えは p.56 だよ。

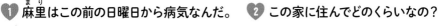

1 麻里はこの前の日曜日から病気なんだ。　**2** この家に住んでどのくらいなの?

 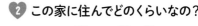 

21 現在完了形②「経験」

現在完了形の経験の文は、「今までに東京へ行ったことがある」のように
経験したことを言うときに使うよ。

現在完了形「経験」の文

「～したことがある」も〔have/has＋過去分詞〕！

ふつうの文 I have heard this song before.

（私は以前、この歌を聞いたことがあります。）

否定文 I have never read this book.

have/hasのあとにnever。

（私はこの本を一度も読んだことがありません。）

疑問文 Have you ever been to Tokyo?

Have/Hasで文を始める。

have been to ～は「～
へ行ったことがある」と
いう意味だよ。

（今までに東京へ行ったことがありますか。）

— Yes, I have. （はい、あります。）
— No, I haven't. （いいえ、ありません。）

How many times have you been there?

（何回そこへ行ったことがありますか。）

— Three times.

（3回です。）

POINT!
（「経験」の文でよく使う語句）
ever　　（今までに）/ never　（一度も～ない）
before（以前に）　/ once　　（1回）
twice　（2回）　　/ many times（何回も）

How many times ～? で「回数」
をたずねることができるよ。

p.55 の *check!* の答え ❶ Mari has been sick since last Sunday.
❷ How long have you lived in this house?

Tea Break
こんなときに使っちゃおう♥

♥答えは p.58 だよ。

I've seen a famous actor in this store.
（私, この店で有名な俳優に会ったことあるよ。）

Have you ever sung this song?
（この歌, 歌ったことある？）

— Yes. I've sung it many times.
（うん。 何度もあるよ。）

I have never been to Tokyo.
（一度も東京に行ったことないんだ。）

check! 英語で言ってみよう ♥ ♥ ♥

❤1 あのレストランでパンケーキ（a pancake）を食べたことある？

❤2 私, 一度も渋谷に行ったことないんだ。

PANCAKE

22 現在完了形③「完了」など

現在完了形の完了の文は,「宿題をしたところだ」などのように
動作が完了したことを言うときに使うよ。

現在完了形「完了」の文

> 「～したところだ」も〔have／has＋過去分詞〕!

ふつうの文 I have already washed the dishes.
(私はすでに食器を洗いました。)

否定文 She hasn't cleaned her room yet.

> have／hasのあとにnot。

(彼女はまだ部屋を掃除していません。)

> 短縮形の haven't, hasn't も
> よく使うよ。

疑問文 Have you finished your homework yet?

> Have／Hasで文を始めるよ。

(あなたは宿題はもう終えましたか。)

> **POINT!**
> 〈「完了」の文でよく使う語〉
> just(ちょうど) already(すでに)
> yet(〈疑問文で〉もう,〈否定文で〉まだ)

— Yes, I have. (はい, 終えました。)

— No, not yet. (いいえ, まだです。)

> 〈くわしく〉
> No, not yet.は,
> No, I have <u>not</u> finished
> it <u>yet</u>.を省略した形だよ。

★=★=★=★=★=★=★=☆★=★=★=★=★=★=★=★=★=★=★=☆★=★

現在完了進行形

・過去に始まった動作が現在まで続いていることを表して,「(ずっと)～し続
けている」というとき, 現在完了進行形(have/has been ～ing)を使う。

★I have been studying for an hour. (私は1時間勉強しています。)

★Ann has been waiting for him since noon. (アンは彼を正午から待っています。)

p.57の check! の答え ❶ Have you (ever) had[eaten] a pancake at that restaurant?
❷ I've[I have] never been to Shibuya.

Tea Break
こんなときに使っちゃおう♥

何してる？

I've just had lunch.
（ちょうどお昼食べたところ。）

I haven't yet.
（私はまだ。）

Have you gotten new shoes?
（新しい靴, 買った?）
この前言ってた靴。

Yes, I have. （買ったよ。）
週末に, お母さんと買い物に
行って, 買ってもらった。

---

check! 英語で言ってみよう ♥ ♥ ♥

答えは p.60 だよ。

1 ちょうど, 加奈にメールを送ったところだよ。

2 ジェイコブ (Jacob) はまだここに来てないよ。

23 会話表現

挨拶や電話での言い方など，いろいろな会話表現を確認しよう。

基本の挨拶

Good morning, Nancy.
（おはよう，ナンシー。）

Hi, Sayaka.
How are you?
（ハイ，さやか。元気?）

Fine, thank you.
（元気だよ，ありがとう。）

〈その他の挨拶の表現〉
★ **Good afternoon.** （こんにちは。）
★ **Good evening.** （こんばんは。）
★ **Good night.** （おやすみなさい。）

We had a good time today.
（今日は楽しかったね。）

See you next
Monday.
（次の月曜日に会おうね。）

Have a nice weekend. Bye.
（よい週末を。バイバイ。）

p.59 の check! の答え ❶ I've[I have] just sent an e-mail to[e-mailed] Kana.
❷ Jacob hasn't[has not] come here yet.

Hello?
（もしもし。）

Hello.　This is Mio.
（もしもし。こちらは美緒です。）

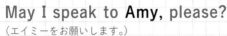

May I speak to Amy, please?
（エイミーをお願いします。）

Oh, hi, Mio.　It's me.
（ハイ, 美緒。私だよ。）

Hi, Amy.　Why don't we go to Harajuku tomorrow?
（こんにちは, エイミー。明日, 原宿に行かない？）

Sounds good!
（いいね!）

OK.　Please come to my house at nine.
（じゃあ, 9時に私の家に来て。）

Sure.　See you then.
（わかった。じゃあ, そのときにね。）

〈電話で使われる表現〉

★ **Is this Lisa?**　　　　（リサですか。）

★ **Is Lisa there?**　　　（リサはいますか。）

★ **Speaking.**　　　　　（私です。）

★ **Just a minute, please.**　（少しお待ちください。）

★ **Hold on, please.**　　（切らずにお待ちください。）

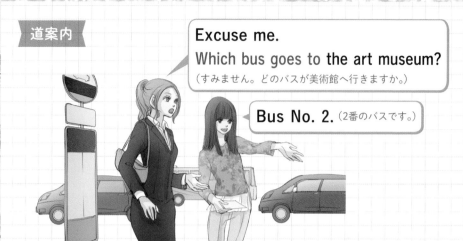

道案内

Excuse me.
Which bus goes to the art museum?
（すみません。どのバスが美術館へ行きますか。）

Bus No. 2.（2番のバスです。）

 Where should I get off?
（どこで降りればいいですか。）

 At Ueno Station.
（上野駅です。）

 How long does it take from here to Ueno Station?
（ここから上野駅までどのくらい時間がかかりますか。）

 About fifteen minutes.
（およそ15分です。）

 Thank you very much.
（どうもありがとうございます。）

 You're welcome.
（どういたしまして。）

〈道案内で使われる表現〉

★Does this bus go to Shibuya?　　　　　（このバスは渋谷へ行きますか。）
★Change buses at Harajuku.　　　　　　（原宿でバスを乗り換えてください。）
★How can I get to Shinjuku?　　　　　　（新宿へはどうやって行けますか。）
★Can you tell me the way to Akihabara?　（秋葉原への行き方を教えてくれますか。）

May I help you?
(お手伝いいたしましょうか。[いらっしゃいませ。])

I'm looking for a flared skirt.
(フレアスカートを探しているんです。)

How about this one?
(こちらはいかがですか。)

Hmm... I don't like its color.
(うーん，色が好きじゃないなあ。)

Can you show me that brown one?
(あの茶色のを見せてくれますか。)

Sure.
(かしこまりました。)

★三★三★三★三★三★三★三★三★三★三★三★三★三★三★三★三★三★三

I'll take it. How much is it?
(これにします。おいくらですか。)

It's two thousand yen.
(2,000円です。)

OK. Here you are.
(わかりました。はい，どうぞ。)

・不規則動詞の語形変化表・

ここでは、不規則に変化する主な動詞の変化を一覧にしています。
意味と変化形を確認しましょう。

原形	意味	過去形	過去分詞	ing形
be	～です	was, were	been	being
become	～になる	became	become	becoming
begin	始まる	began	begun	beginning
break	壊す	broke	broken	breaking
bring	持ってくる	brought	brought	bringing
build	建てる	built	built	building
buy	買う	bought	bought	buying
catch	捕まえる	caught	caught	catching
choose	選ぶ	chose	chosen	choosing
come	来る	came	come	coming
cut	切る	cut	cut	cutting
do	する	did	done	doing
draw	（絵を）描く	drew	drawn	drawing
drink	飲む	drank	drunk	drinking
drive	運転する	drove	driven	driving
eat	食べる	ate	eaten	eating
fall	落ちる	fell	fallen	falling
feel	感じる	felt	felt	feeling
find	見つける	found	found	finding
fly	飛ぶ	flew	flown	flying
forget	忘れる	forgot	forgot / forgotten	forgetting
get	手に入れる	got	got / gotten	getting
give	与える	gave	given	giving
go	行く	went	gone	going
grow	成長する	grew	grown	growing
have	持っている	had	had	having
hear	聞こえる	heard	heard	hearing
hit	打つ	hit	hit	hitting

原形	意味	過去形	過去分詞	ing形
hold	持つ，開催する	held	held	holding
keep	保つ	kept	kept	keeping
know	知っている	knew	known	knowing
leave	去る	left	left	leaving
lend	貸す	lent	lent	lending
lose	失う	lost	lost	losing
make	作る	made	made	making
mean	意味する	meant	meant	meaning
meet	会う	met	met	meeting
put	置く	put	put	putting
read	読む	read	read	reading
ride	乗る	rode	ridden	riding
run	走る	ran	run	running
say	言う	said	said	saying
see	見る	saw	seen	seeing
sell	売る	sold	sold	selling
send	送る	sent	sent	sending
show	見せる	showed	shown / showed	showing
sing	歌う	sang	sung	singing
sit	座る	sat	sat	sitting
sleep	眠る	slept	slept	sleeping
speak	話す	spoke	spoken	speaking
spend	過ごす	spent	spent	spending
stand	立つ	stood	stood	standing
swim	泳ぐ	swam	swum	swimming
take	取る	took	taken	taking
teach	教える	taught	taught	teaching
tell	伝える，言う	told	told	telling
think	思う，考える	thought	thought	thinking
understand	理解する	understood	understood	understanding
wear	身につけている	wore	worn	wearing
win	勝つ	won	won	winning
write	書く	wrote	written	writing

Check Test チェックテスト 🌹 英語

答えと解説は p.216-217 を見てね。

第1章 未来の文・助動詞 ♥復習 p.16-27♥

★ （ ）内から最も適するものを選び，記号に○をつけましょう。

□ ❶ (ア May　イ Shall　ウ Will) I have this pie? ［このパイを食べてもいいですか。］

□ ❷ (ア Can you　イ Shall we　ウ Will you) play baseball? ［野球をしましょうか。］

□ ❸ He (ア are going　イ is coming　ウ is going) to visit Kanazawa this summer.
［彼は今度の夏に金沢を訪れるつもりです。］

□ ❹ You (ア can　イ have　ウ must) practice the piano.
［あなたはピアノを練習しなければなりません。］

★ ［ ］内に適する語を書きましょう。

□ ❺ Emma [　] [　] go now. ［エマはもう行かなければなりません。］

□ ❻ It [　] [　] cold tomorrow. ［明日は寒くないでしょう。］

□ ❼ [　] [　] read this book for you? ［この本をあなたのために読みましょうか。］

□ ❽ [　] I [　] to wait here? ［私はここで待たなければなりませんか。］

□ ❾ [　] your mother [　] back soon? — Yes, she [　].
［お母さんはすぐに戻ってきますか。―はい，戻ってくるでしょう。］

★ 日本文を英語に直しましょう。

□ ❿ あなたはここにどのくらい(長く)滞在する予定ですか。
[　]

□ ⓫ (学校の先生に)もう一度この単語を言っていただけませんか。
[　]

第2章 不定詞・動名詞 ♥復習 p.28-33♥

★ （ ）内から最も適するものを選び，記号に○をつけましょう。

□ ❶ I (ア want to　イ like to　ウ need to) read books. ［私は読書が好きです。］

□ ❷ I went to the pool (ア swam　イ swimming　ウ to swim).
［私は泳ぐためにプールへ行きました。］

□ ❸ She wanted new shoes (ア to running　イ to ran　ウ to run).
［彼女は走るための新しい靴を欲しがっていました。］

★ [　　]内に適する語を書きましょう。

□ ❹ Ben [　　　　　] [　　　　　] his report. [ベンはレポートを書き終えました。]

□ ❺ I took the train [　　] [　　　] there. [私はそこへ行くために電車に乗りました。]

□ ❻ I [　　　] [　　　] [　　　] a singer in the future. [私は将来,歌手になりたいです。]

★ (　　)内の語句を並べかえて，正しい英文にしましょう。

□ ❼ (time / to / he / no / watch / TV / had). [彼はテレビを見る時間がありませんでした。]
[　　　　　　　　　　　　　　　　　　　　　　　　　　　　　　　　　　　　]

□ ❽ (is / fun / playing / video games). [テレビゲームをすることは楽しいです。]
[　　　　　　　　　　　　　　　　　　　　　　　　　　　　　　　　　　　　]

★ 日本文を英語に直しましょう。

□ ❾ 何か食べるものはありますか。
[　　　　　　　　　　　　　　　　　　　　　　　　　　　　　　　　　　　　]

□ ❿ あなたは教師になるために何をしましたか。
[　　　　　　　　　　　　　　　　　　　　　　　　　　　　　　　　　　　　]

第3章　接続詞　♥復習 p.34-37♥

★ (　　)内から最も適するものを選び，記号に○をつけましょう。

□ ❶ It started to rain (ア if　イ because　ウ when) I got outside.
[私が外に出ると，雨が降り始めました。]

□ ❷ I know (ア what　イ that　ウ this) she is our new teacher.
[私は，彼女が私たちの新しい先生だと知っています。]

□ ❸ I missed the train (ア because　イ when　ウ if) the bus was late.
[バスが遅れたので，私は電車に乗り損ねました。]

□ ❹ We'll go to the sea if it (ア is　イ be　ウ was) sunny tomorrow.
[もし明日晴れなら，私たちは海へ行きます。]

★ (　　)内の語句を並べかえて，正しい英文にしましょう。

□ ❺ What do you do (free / you / when / have / time)? [暇なときは何をしますか。]
What do you do [　　　　　　　　　　　　　　　　　　　　　　　]?

□ ❻ (at / you're / if / English / good), please help me. [もし英語が得意なら,手伝って。]
[　　　　　　　　　　　　　　　　　　　　　], please help me.

□ ❼ Do (think / this / that / you / is / question) difficult?
[あなたはこの問題は難しいと思いますか。]
Do [　　　　　　　　　　　　　　　　　　　　] difficult?

第4章　いろいろな文　♡ 復習 p.38-43 ♡

★　[　　]内に適する語を書きましょう。

□ ❶ Mika [　　　　] happy. 〔美香（みか）はうれしそうに見えました。〕

□ ❷ He'll [　　　] [　　　] his new cap. 〔彼（かれ）は私たちに新しい帽子（ぼうし）を見せるでしょう。〕

□ ❸ [　　　] [　　　] a bus stop near here. 〔この近くにバス停がありました。〕

□ ❹ She [　　　] [　　　] all over the world. 〔彼女（かのじょ）は世界中で人気になりました。〕

□ ❺ I [　　　] [　　　] some flowers. 〔私は彼女に花をあげました。〕

★　(　　)内の語句を並べかえて，正しい英文にしましょう。

□ ❻ (English / us / teaches / Ms. Hill). 〔ヒル先生は私たちに英語を教えてくれます。〕

[　　　　　　　　　　　　　　　　　　　　　　　　　　　　　　]

□ ❼ (museums / there / in / city / any / this / are)? 〔この市には博物館はありますか。〕

[　　　　　　　　　　　　　　　　　　　　　　　　　　　　　　]

★　日本文を英語に直しましょう。

□ ❽ あなたのメールアドレス(e-mail address)を教えていただけますか。

[　　　　　　　　　　　　　　　　　　　　　　　　　　　　　　]

□ ❾ このクラスには女の子は何人いますか。── 約20人です。

[　　　　　　　　　　　　　　　　　　　　　　　　　　　　　　]

第5章　比較（ひかく）の文　♡ 復習 p.44-49 ♡

★　(　　)内の語を適する形に変えて，[　　]内に書きましょう。

□ ❶ Today was [　　　] than yesterday. (hot)

□ ❷ This English book is the [　　　] of the five. (easy)

□ ❸ Ann can cook [　　　] than her sister. (well)

□ ❹ This machine is the [　　　] [　　　　　] in this factory. (useful)

★　[　　]内に適する語を書きましょう。

□ ❺ This book is [　　　] [　　　] that [　　　]. 〔この本はあの本よりも古い。〕

□ ❻ I get up [　　　] [　　　] [　　　] my family. 〔私は家族でいちばん早く起きます。〕

□ ❼ She is [　　　] [　　　] than that singer. 〔彼女はあの歌手よりも有名です。〕

□ ❽ I like pizza [　　　] [　　　] of all. 〔私は全部の中でピザがいちばん好きです。〕

□ ❾ Jim swims [　　　] [　　　] [　　　] Yumi. 〔ジムは由美（ゆみ）と同じくらい速く泳ぎます。〕

★ 日本文を英語に直しましょう。

□ ❿ 英語と数学ではどちらのほうが好きですか。

[   ]

□ ⓫ このクラスでは何の動物がいちばん人気がありますか。

[   ]

第6章　受け身　♥復習 p.50-53 ♥

★ （　　）内の語を適する形に変えて，[　　]に書きましょう。

□ ❶ Kyoto is [   ] by many people every year.　（ visit ）

□ ❷ English is [   ] in this country.　（ speak ）

□ ❸ The book is [   ] by young girls.　（ read ）

★ [　　]内に適する語を書きましょう。

□ ❹ This song [   ] [   ] all over the world. ［この歌は世界中で愛されています。］

□ ❺ That temple [   ] [   ] 100 years ago. ［あの寺は100年前に建てられました。］

□ ❻ The car [   ] [   ] yesterday. ［その車は昨日使われませんでした。］

★ 日本語を英語に直しましょう。

□ ❼ この本はいつ書かれましたか。

[   ]

第7章　現在完了形　♥復習 p.54-59 ♥

★ [　　]内に適する語を書きましょう。

□ ❶ I [   ] [   ] in Osaka since last year. ［私は昨年から大阪に住んでいます。］

□ ❷ I've [   ] [   ] this movie. ［私はこの映画を一度も見たことがありません。］

□ ❸ He [   ] just [   ] his homework. ［彼はちょうど宿題を終えたところです。］

★ 日本語を英語に直しましょう。

□ ❹ あなたは今までにカナダ（Canada）に行ったことがありますか。

[   ]

□ ❺ 私は彼らを長い間知っています。

[   ]

Aries（おひつじ座）
3/21〜4/19

Taurus（おうし座）
4/20〜5/20

Gemini（ふたご座）
5/21〜6/21

Cancer（かに座）
6/22〜7/22

何座か聞いてみよう

友だちに星座を聞くときは，What's your sign? と言えばいいよ。sign というと「標識，合図」という意味が思い浮かぶけど，「〜座，星座」という意味もあるんだよ。What sign are you? と言ってもOK！

Aquarius（みずがめ座）
1/20〜2/18

Pisces（うお座）
2/19〜3/20

ガールズライフコラム
Girl's Life
Column

星占い（ほしうらな）に興味ある？
12 星座の英語での呼び方や，
星座のたずね方をチェック☆

Leo（しし座）
7/23〜8/22

Virgo（おとめ座）
8/23〜9/22

Sagittarius（いて座）
11/23〜12/21

Capricorn（やぎ座）
12/22〜1/19

自分が何座か言ってみよう

What's your sign? と聞かれて自分の星座を答えるときは，たとえば「おひつじ座だよ。」なら，Mine is Aries. とか I'm Aries. って言おう！ mine は「私のもの」。ここでは「私の星座」って意味だね☆

Libra（てんびん座）
9/23〜10/23

Scorpio（さそり座）
10/24〜11/22

CECIL McBEE

Study Collection

Mathematics

♥

数学の勉強が始まるよ。

加法・減法

文字が入った計算からスタート!!
文字が同じ部分をまとめていこう!!

単項式と多項式

単項式 数や文字のかけ算だけでつくられた式
例 x, $3a$, ab^2, -8

多項式 単項式の和の形で表された式
例 $4x-y$, a^2+a-2

式の次数 かけられている文字の個数
例 $-a^2=(-1)\times a\times a$
　　　　　↖ 文字が2個…次数は2 ⇒ 2次式
例 $6x^2+xy^2-3y$
文字が2個 ↗ 　↖3個 ↖1個 　　…次数は3 ⇒ 3次式

単項式をたし算でくっつけた式を多項式っていうの?

そうだよ。
$4x-y=4x+(-y)$
だから、ひき算もたし算の形で表せるね。

あ、次は次数かぁ…多項式のときが、よくわかんないんだよね。

多項式のときは、それぞれの項の文字の数を数えて、いちばん大きい次数がその式の次数になるよ。

同類項をまとめる

文字の部分が同じ項(=同類項)をまとめる!!

たし算・ひき算が混じった計算
例
$8x+4y-5x+y$ ← 項を並べかえる
$=8x-5x+4y+y$ ← 同類項をまとめる
$=(8-5)x+(4+1)y$
$=3x+5y$

分配法則を思い出そう!
$ax+bx=(a+b)x$

文字の部分が同じところを計算するのかぁ…じゃあ、$3x$ と $5y$ はせないの?

たせないよ!
$3x+5y=8xy$ としないようにね。

$8xy$ は、$8\times x\times y$ のことだもんね。

その通り!! 文字の部分がまったく同じものしかまとめられないんだよ。

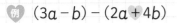

かっこがある計算

 POINT!
ー（ ）のときは，
各項の符号をかえ
てかっこをはずす!!

❤例 $(3a-b)-(2a+4b)$ → かっこをはずす

$=3a-b-2a-4b$ → 項を並べかえる

$=3a-2a-b-4b$ → 同類項をまとめる

$=(3-2)a+(-1-4)b$

$=a-5b$

くるん　パッ

かっこがある計算ってニガテ!!
符号がわからなくなるんだもん。

かっこの前が ＋ のときは，そのまま
かっこをはずせばOK!!
かっこの前が ー のときは気をつけて!!

かっこの前が ー のときは…
かっこの中の符号が，全部ひっくりか
えるんだね!!

そうそう。

$-(\heartsuit+\heartsuit)=-\heartsuit-\heartsuit$
$-(\heartsuit-\heartsuit)=-\heartsuit+\heartsuit$

になるよ。覚えておこう!!

✍check! 次の問いに答えよう ♥ ♥ ♥　　❤答えは p.74 だよ。

❶ $2xy^2-xy+6y$ は何次式？

❷ 次の計算をしよう。

   (1)　$2x+5y-6x+2y$

   (2)　$(x-2xy)+(5x+3xy)$

   (3)　$(7a^2+3a)-(a^2+9a)$

2 乗法・除法

たし算・ひき算のあとは，やっぱりかけ算・わり算！
文字を使った式のかけ算・わり算の計算のしかたを確認しよう。

多項式と数の乗法・除法

分配法則
$a(b+c)=ab+ac$

数×多項式 例
$2(4x-3y)$
$=2\times4x+2\times(-3y)$ ← 分配法則を使ってかっこをはずす
$=8x-6y$

多項式÷数 例
$(15a-10b)\div(-5)$ ← わる数の逆数をかける
$=(15a-10b)\times\left(-\dfrac{1}{5}\right)$
$=15a\times\left(-\dfrac{1}{5}\right)-10b\times\left(-\dfrac{1}{5}\right)$ ← 分配法則を使ってかっこをはずす
$=-3a+2b$

これは解けるかな？
例 $3(2a+5b)-4(3a-4b)$

かっこがあって，ひき算があって，数×多項式で… え〜！何これ〜！

だいじょうぶ!! ひとつひとつは，今までに習ったことばかりだよ!!

$3(2a+5b)-4(3a-4b)$
$=6a+15b-12a+16b$ ← 分配法則を使ってかっこをはずす
$=6a-12a+15b+16b$ ← 同類項をまとめる
$=-6a+31b$

単項式の乗法・除法

単項式×単項式
例
$2xy\times4x=2\times4\times x\times y\times x$ ← 係数どうし，文字どうしをかける
$=8\times x^2y=8x^2y$

単項式÷単項式
例 $9xy^2\div(-3xy)=\dfrac{9xy^2}{-3xy}$
$=-\dfrac{9\times x\times y\times y}{3\times x\times y}$ ← 分数の形になおして計算する
$=-3y$

単項式と単項式のわり算は，分数の形にするんだね。

そうだよ。
文字の約分を忘れないようにしようね。

p.73 の check! の答え ❶3次式 ❷(1) $-4x+7y$ (2) $6x+xy$ (3) $6a^2-6a$

詳しい解説はp.218を見てね。

式の値

式をできるだけ簡単にしてから，数を代入。

例 $a = -2$，$b = \dfrac{1}{3}$ のとき，

$3(a - 2b) - 4(2a - 3b)$ の値は？

$$\rightarrow \quad 3(a - 2b) - 4(2a - 3b)$$
$$= 3a - 6b - 8a + 12b$$
$$= -5a + 6b$$
$$= -5 \times (-2) + 6 \times \dfrac{1}{3}$$
$$= 10 + 2 = 12$$

かっこをはずして計算し，式を簡単にする

数を代入する

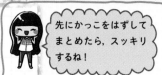

先にかっこをはずしてまとめたら，スッキリするね！

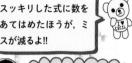

でしょ？
スッキリした式に数をあてはめたほうが，ミスが減るよ!!

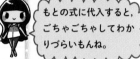

もとの式に代入すると，ごちゃごちゃしてわかりづらいもんね。

テストでも，やってみよう☆

等式の変形

（ある文字）＝〜の形に変形することを，その文字について解くという。

例 $x + 3y = 5$ を y について解くと，

$$3y = 5 - x$$
$$y = \dfrac{5 - x}{3}$$

xを右辺へ移項する

両辺を3でわる

「y について解く」ってことは，「$y = \sim$」の形にするってことだね。

そう！
まず，y の項以外を右辺に移項しよう！

---

check! 次の問いに答えよう ♥ ♥ ♥

♥ 答えは p.76 だよ。

1 次の計算をしよう。

(1) $4(x - 5y) - 3(2x - 7y)$　　(2) $14x^2 \times 2y^2 \div 7xy$

2 $a = \dfrac{2}{5}$，$b = -4$ のとき，$3(a + 2b) - 2(9a + b)$ の値は？

3 $4x - 3y = 8$ を y について解こう。

3

連立方程式

次は連立方程式!! 文字が2つ出てくる方程式だよ。
基本の解き方をマスターしよう!!

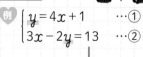

連立方程式の解き方

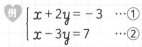

加減法

例 $\begin{cases} x+2y=-3 & \cdots① \\ x-3y=7 & \cdots② \end{cases}$

$\begin{array}{r} x+2y=-3 \quad \cdots① \\ -)\ x-3y=7 \quad \cdots② \\ \hline 5y=-10 \end{array}$

$y=-2$

$y=-2$ を①に代入して,
$x+2\times(-2)=-3$
$x-4=-3$
$x=1$

→ x または y を消す

→ 残った文字の値を求める

→ 消した文字の値を求める

代入法

例 $\begin{cases} y=4x+1 & \cdots① \\ 3x-2y=13 & \cdots② \end{cases}$

↓

$3x-2(4x+1)=13$
$3x-8x-2=13$
$-5x=15$
$x=-3$

$y=\sim$ の式を, もう1つの式に代入

$x=-3$ を①に代入して,
$y=4\times(-3)+1$
$y=-11$

基本の解き方はこの2つだね。どっちも,まずは文字を1つ消すんだね!!

そう!
式の形を見て,加減法か代入法,解きやすい方法で解いてみようね。

かっこがある連立方程式

例 $\begin{cases} 2x-5y=9 & \cdots① \\ \boxed{4x-3(y-2)=17} & \cdots② \end{cases}$

↓ かっこをはずして整理

$4x-3y+6=17$

↓

$4x-3y=11 \quad \cdots②'$
$4x-10y=18 \quad \cdots①'$

①×2で, x の係数をそろえて,文字を消す

①′と②′を加減法で解くと,
$x=2,\ y=-1$

あれー? かっこがついてると,加減法も代入法も使えなくない??

まずは,かっこをはずして,カンタンな式にしてみよう!!

あ!! かっこをはずすと,何だか解けそうな気がする♪

ガンバレー!!

p.75 の check! の答え ❶ (1) $-2x+y$ (2) $4xy$
❷ -22 ❸ $y=\dfrac{4x-8}{3}$ ▷詳しい解説はp.218を見てね。

係数に分数や小数を含む連立方程式

分数を含む

 例
$$\begin{cases} y = 2x - 8 & \cdots ① \\ \dfrac{x}{3} - \dfrac{y}{5} = 2 & \cdots ② \\ 5x - 3y = 30 & \cdots ②' \end{cases}$$

分母の最小公倍数をかけて，係数を整数になおす

①と②'を代入法で解くと，
$x = -6,\ y = -20$

小数を含む

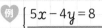 例
$$\begin{cases} 5x - 4y = 8 & \cdots ① \\ \boxed{0.7x + 0.4y = 4} & \cdots ② \\ 7x + 4y = 40 & \cdots ②' \end{cases}$$

10倍して，係数を整数になおす

①と②'を加減法で解くと，
$x = 4,\ y = 3$

 $\dfrac{x}{3} - \dfrac{y}{5} = 2$ の式は，両辺を15倍すれば係数が整数になるね!!

そうだよ!!　分数は両辺に分母の最小公倍数をかけて，小数は両辺を10倍，100倍して，係数を整数になおそう!!　

$A = B = C$ の形の連立方程式

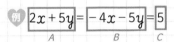 例
$$\underset{A}{\boxed{2x + 5y}} = \underset{B}{\boxed{-4x - 5y}} = \underset{C}{\boxed{5}}$$

$A = B = C$ の形の連立方程式は，
$$\begin{cases} A = B \\ A = C \end{cases} \quad \begin{cases} A = B \\ B = C \end{cases} \quad \begin{cases} A = C \\ B = C \end{cases}$$
のどれかの形にする

計算しやすそうな組み合わせを選ぶ!!
$$\begin{cases} 2x + 5y = 5 & \cdots ① \\ -4x - 5y = 5 & \cdots ② \end{cases} \longrightarrow$$

これを加減法で解くと，
$x = -5,\ y = 3$

 えー!?　こんな式見たことない!!　これも連立方程式?

これも連立方程式だよ。形をかえれば，見たことある式になるでしょ?　

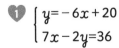 check!　次の連立方程式を解こう♥ ♥ ♥

💙 答えはp.78だよ。

❤1
$$\begin{cases} y = -6x + 20 \\ 7x - 2y = 36 \end{cases}$$

💜2
$$\begin{cases} 3x + 4y = -9 \\ 5(2x - y) + 8y = 32 \end{cases}$$

💜3
$$\begin{cases} y = 9x - 15 \\ \dfrac{x}{8} + \dfrac{y}{6} = \dfrac{3}{4} \end{cases}$$

💜4　$3x - 7y = 4x - y = 25$

4 1次関数の変化の割合とグラフ

今までに習った「比例」に似てる!!
次は，1次関数をカンペキにしよう!!

1次関数

POINT!
y が x の関数で，y が x の1次式で表されるとき，y は x の1次関数であるという。

・1次関数の式

$$y = ax + b \quad (a，b は定数，a \neq 0)$$

x に比例する部分　　定数の部分

$$（変化の割合）= \frac{（y の増加量）}{（x の増加量）}$$

$$= a \longleftarrow a は一定$$

例 1次関数 $y = 2x + 1$ で，
x が，1から3まで増加したとすると…

→ $x = 1$ のとき，$y = 2 \times 1 + 1 = 3$
$x = 3$ のとき，$y = 2 \times 3 + 1 = 7$
変化の割合は，$\dfrac{7-3}{3-1} = 2$

x の係数 a に等しい!!

比例と1次関数の式って似てるよね？

そうだね。
比例も1次関数も，x の値が決まれば，y の値も決まるから，「関数である」といえるんだよ。

そっか。比例と1次関数は仲間なんだね。

その通り〜☆

1次関数のグラフ

$y = ax + b$ のグラフ
→ 傾きが a，
切片が b
の直線

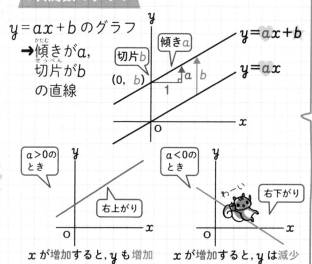

切片 b
傾き a
$y = ax + b$
$y = ax$
$(0，b)$

$a > 0$ のとき
右上がり

$a < 0$ のとき
右下がり
わーい

x が増加すると，y も増加　　　x が増加すると，y は減少

$y = ax$ と $y = ax + b$ のグラフって似てるの？

$y = ax$ のグラフを切片 b だけ，y 軸の正の方向に移動させた直線になるよ。

傾きはそのまま，上か下に動かすってこと？

そうだよ!!
平行移動ってやつだね！

図形のところで平行って習ったね。グラフでも平行が出てくるのかぁー!!

p.77の **check!** の答え　❶ $x = 4，y = -4$　❷ $x = 5，y = -6$
❸ $x = 2，y = 3$　❹ $x = 6，y = -1$　➡詳しい解説はp.218を見てね。

グラフのかき方，変域の求め方

グラフのかき方

例 $y = -2x + 1$ のグラフをかくときは？

↑傾き　↑切片

→ 切片が1なので，点(0，1)を通る。
　また，傾きが-2なので，点(0，1)から
　右へ1，下へ2進んだ，点(1，-1)を通る。
→ この2点を通る直線をひく。

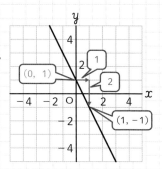

y の変域の求め方

例 1次関数 $y = \dfrac{1}{2}x + 2$ で，x の変域が

$-2 \leqq x \leqq 4$ のときの y の変域は？

→ $x = -2$ のとき，$y = \dfrac{1}{2} \times (-2) + 2 = 1$

　$x = 4$ のとき，$y = \dfrac{1}{2} \times 4 + 2 = 4$

　　　　　　　$1 \leqq y \leqq 4$

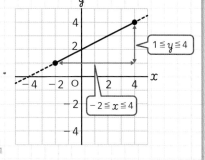

 グラフをかくときは，切片と傾きを使って，グラフが通る2点を見つけるんだね。

そうそう。通る2点を見つけることができれば，あとは2点を通る直線をかくだけ☆

---

check! 次の問いに答えよう ♥ ♥ ♥

♥答えは p.80 だよ。

1. 1次関数 $y = 4x - 3$ で，x が1から5まで増加したときの，変化の割合は？

2. 1次関数 $y = -x + 6$ で，x が-2から3まで増加したときの，変化の割合は？

3. 1次関数 $y = -3x - 1$ で，$-5 \leqq x \leqq 2$ のときの，y の変域は？

5

式の求め方

グラフまでマスターできたら，次は式を求めてみよう!!
キホンの求め方をチェックしよう。

傾きと通る1点の座標から求める

例 グラフの傾きが2で，点(−1，4)を通る1次関数の式は？

→ 1次関数の式を $y=ax+b$ とおいて，a に傾き2を代入すると，

$y=2x+b$ …① 傾きから a の値がわかる

点(−1，4)を通るから，

①の式に $x=-1$，$y=4$ を代入

$4=2×(-1)+b$

これを解いて，$b=6$ よって，$y=2x+6$

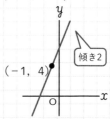

傾き2

(−1，4)

今度は，1次関数の式を求めるんだね。
むずかしそー！！

だいじょうぶ！
傾きがわかれば，すぐに a の値もわかるからね☆

平行な直線の式を求める

平行な2直線は傾きが等しいことを使う！

例 直線 $y=5x-4$ に平行で，点(3，6)を通る直線の式は？

→ 平行な2直線は，傾きが等しいので，

$y=5x+b$ …①

点(3，6)を通るから，①の式に，$x=3$，$y=6$ を代入すると，

$6=5×3+b$

これを解いて，$b=-9$

よって，$y=5x-9$

平行な直線って，傾きが等しいんだぁ。

そうだよ。$y=2x+1$ と $y=2x+2$ のグラフは平行ってことだね！

$y=2x+3$ も $y=2x+4$ も $y=2x+5$ も…？

そうそう。
平行な直線は，いーーっぱいあるんだよ!!

p.79の check! の答え ❶4 ❷−1
❸ $-7≦y≦14$ ⟹ 詳しい解説はp.218を見てね。

通る2点の座標から求める

傾きから求めるやり方

例 グラフが2点$(-3, 8)$，$(2, -7)$を通る1次関数の式は？

→ 1次関数の式を$y = ax + b$とおくと，グラフの傾きaは，

$$\frac{-7-8}{2-(-3)} = -3 \qquad \boxed{\frac{y \text{の増加量}}{x \text{の増加量}}}$$

よって，$y = -3x + b$ …①

グラフは点$(2, -7)$を通るから，

①の式に$x = 2$，$y = -7$を代入して，

$$-7 = -3 \times 2 + b$$

これを解いて，$b = -1$

よって，$y = -3x - 1$

連立方程式を利用した求め方

1次関数の式を$y = ax + b$とおくと，グラフは2点$(-3, 8)$，$(2, -7)$を通るから，

$$\begin{cases} 8 = -3a + b & \text{…①} \\ -7 = 2a + b & \text{…②} \end{cases}$$

①，②を連立方程式として解くと，

$$a = -3, \quad b = -1$$

よって，$y = -3x - 1$

傾きがわからない!! ってときは，2点の座標から求めればいいんだね。

テストきら〜い… でも，がんばる!!

キホンの求め方は2つ!! 式を求める問題は，テストにもよく出るよ。

その調子!! くりかえし練習しておけば，テストなんてこわくないさ!!

---

check! 次の1次関数の式を答えよう ♥ ♥ ♥

▶答えは p.82 だよ。

1 グラフの傾きが3で，点$(-6, -4)$を通る直線

2 直線$y = -6x + 8$に平行で，点$(-3, 9)$を通る直線

3 グラフが2点$(5, -1)$，$(2, -13)$を通る直線

4 グラフが2点$(3, -8)$，$(-5, -4)$を通る直線

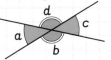

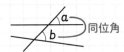

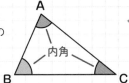

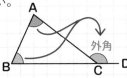

6 図形の調べ方

次は図形の単元!!
平行線と角，多角形を確認しよう!!

平行線と角

対頂角

$\angle a = \angle c, \ \angle b = \angle d$

向かい合っている角を対頂角という。
対頂角は等しい。

同位角と錯角

同位角　　　錯角

$\angle a$と$\angle b$は同位角
$\angle a$と$\angle c$は錯角

平行線と角

- $\ell // m$ ならば，
  $\angle a = \angle b, \ \angle a = \angle c$

- $\angle a = \angle b$ または $\angle a = \angle c$
  ならば，$\ell // m$

三角形の角

内角の和

三角形の3つの内角の
和は180°

$\angle A + \angle B + \angle C = 180°$

内角

外角の性質

三角形の外角はそれととなり合わない2つ
の内角の和に等しい。

$\angle ACD = \angle ABC + \angle BAC$

外角

吹き出し（ぬいぐるみ・キャラクター）

対頂角，同位角…はじめて出てくる名前だね。

名前はきちんと覚えなきゃダメだよね。

そうだね。これからもたくさん使うから，必ず覚えておこう!!

センパイも，私の名前，覚えていてくれてたらいいな…

う, うん…

あー!!　数学も恋もむずかしーい!!

内角はわかるけど，外角って何?

外角は多角形の1つの辺の延長と，そのとなりの辺がつくる角だよ!

BCを延長すると…BCのとなりの辺はACだから，外角は∠ACD?

そう!　だから，こういう角は外角ではないよ!

p.81 の check! の答え ❶ $y = 3x + 14$ ❷ $y = -6x - 9$ ❸ $y = 4x - 21$ ❹ $y = -\dfrac{1}{2}x - \dfrac{13}{2}$ ⟹ 詳しい解説はp.218を見てね。

多角形の内角と外角

n 角形の内角の和 $180° \times (n-2)$

例 右の図の∠x の大きさは？

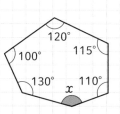

➡ 六角形は右下の図のように
4つの三角形に分けられるので，
内角の和は， $180° \times 4 = 720°$
　　　　　　　　　　$6-2$

> n 角形の内角の和は
> $180° \times (n-2)$
> で求められる!!

よって，∠x の大きさは，
$720° - (130° + 100° + 120° + 115° + 110°) = 145°$

n 角形の外角の和 $360°$

例 右の図の∠y の大きさは？

> どんな多角形でも
> 外角の和は360°

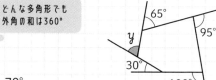

➡ 多角形の外角の和は360°
よって，∠y の大きさは，
$360° - (65° + 95° + 100° + 30°) = 70°$

何角形でも，外角の和は
360°なんだ!!
かんたーん★

そうなんだよ。
これは必ず覚えておこうね☆

---

check! 次の問いに答えよう ♥ ♥ ♥

answer は p.84 だよ。

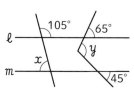

1 右の図で， $\ell /\!/ m$ のとき，
∠x，∠y の大きさは？

2 次の図で，∠x，∠y の大きさは？

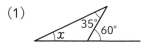

(1)　　　　　　　　　　　　　(2)

3 九角形の内角の和は？

83

図形の合同と証明

さあ、いよいよ図形の証明だよ!!
三角形の合同条件をバッチリ覚えていこう!!

合同な図形

移動して，ぴったりと重ね合わせること
のできる2つの図形は，合同であるという。

△ABCと△FDEは合同

↓

△ABC ≡ △FDE

三角形の合同条件

- 3組の辺がそれぞれ等しい。
- 2組の辺とその間の角がそれぞれ等しい。
- 1組の辺とその両端の角がそれぞれ等しい。

直角三角形の合同条件

斜辺

- 斜辺と1つの鋭角がそれぞれ等しい。
- 斜辺と他の1辺がそれぞれ等しい。

 三角形の合同条件と，直角三角形の
合同条件があるんだね〜。
多いなあ…

証明問題でよく使われるよ!!
がんばって覚えようね!!

仮定と結論

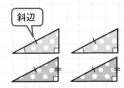 「ならば」の前が仮定，
あとが結論だね!!

○○○ならば●●●
↑仮定　　↑結論

そうだよ。
逆にしないように注意し
よう!!

例 「xが8の倍数ならば，xは2の倍数である。」で，
仮定と結論は？

→ 仮定… xが8の倍数　　結論… xは2の倍数

p.83の check! の答え ❶ ∠x＝75°，∠y＝110°　❷(1)　∠x＝25°　(2)　∠y＝85°
❸1260°　➡詳しい解説はp.218を見てね。

証明のやり方

あることがらについて，すでに正しいと認められたことがらを根拠にして，仮定から結論を導くことを証明といいます。

| 仮定 | 根拠となることがら（条件や定理，わかっていること） | 結論 |

問題に書いてある条件が仮定だね。でもこれだけじゃ，証明ができないよぉ。

例 右の図で，AB＝AD，∠BAC＝∠DACならば，△ABC≡△ADCであることを証明するには？

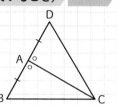

そういうときは，図形の性質に注目しよう！
例えば，共通の辺や角を見つけたり，対頂角が等しいことや平行線の同位角，錯角が等しいことを利用しよう。
図形の性質，覚えてる？

〈証明〉△ABCと△ADCにおいて，

仮定 → 仮定より，AB＝AD …①
∠BAC＝∠DAC …②

図形の性質からわかること → 共通な辺なので，AC＝AC …③

合同条件 → ①，②，③より，2組の辺とその間の角がそれぞれ等しいので，

結論 → △ABC≡△ADC

だいじょうぶ!!
ばっちりだよ☆

---

check! 次の問いに答えよう ♥ ♥ ♥

♥答えはp.86だよ。

1 右の図で，AO＝BO，∠DAO＝∠CBOのとき，△AOD≡△BOCであることを証明します。

☐ にあてはまる記号やことばを書こう。

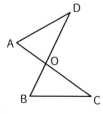

〈証明〉△AODと△BOCにおいて，

仮定より，AO＝ ア …①

∠DAO＝∠ イ …②

対頂角は等しいので，∠ ウ ＝∠BOC …③

①，②，③より， エ がそれぞれ等しいので，△AOD≡△BOC

8 三角形と四角形

三角形と四角形の特徴をまとめよう!!
証明にも使うから，しっかり覚えようね☆

二等辺三角形と正三角形

定義 2辺が等しい三角形を
二等辺三角形という。

・二等辺三角形の性質（定理）
 2つの底角は等しい。
 頂角の二等分線は，底辺を垂直に2等分する。
・二等辺三角形になるための条件（定理）
 2つの角が等しい三角形は，等しい2つの角
 を底角とする二等辺三角形である。

定義 3辺が等しい三角形を
正三角形という。

・正三角形の性質（定理）
 正三角形の3つの内角は等し
 い。
・正三角形になるための条件（定理）
 3つの角が等しい三角形は，
 正三角形である。

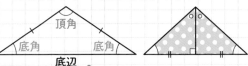
頂角
底角　底角
底辺

定義と定理って何？

二等辺三角形とは何か，ことばの意味をはっきりと述べたものが定義だよ。定理は，定義から証明されたもののうち，重要なもののことだよ！

平行四辺形

定義 2組の対辺がそれぞれ平行な四角形を
平行四辺形という。

・平行四辺形の性質（定理）
 2組の対辺はそれぞれ等しい。
 2組の対角はそれぞれ等しい。
 対角線はそれぞれの中点で交わる。
・平行四辺形になるための条件（定理）
 上の定義と，性質3つに以下を加えた5つ。
 1組の対辺が平行で，その長さが等しい。

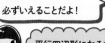
平行四辺形の性質って
何のこと??

平行四辺形だったら，
必ずいえることだよ！

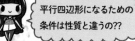
平行四辺形になるための
条件は性質と違うの??

それがいえれば，平行四
辺形っていえるんだよ！

いっぱいあって大変…
整理しなきゃね！

p.85 の check! の答え ❶ア…BO　イ…CBO　ウ…AOD
エ…1組の辺とその両端の角　▷▷▷ 詳しい解説はp.218を見てね。

特別な平行四辺形

・長方形

定義 4つの角がすべて等しい四角形

➡対角線の長さは等しい。

・ひし形

定義 4つの辺がすべて等しい四角形

➡対角線は**垂直に交わる**。

・正方形

定義 4つの辺，4つの角がすべて等しい四角形

➡対角線は，長さが等しく垂直に交わる。

等積変形
（とうせきへんけい）

PQ//ABならば，
△PAB＝△QAB

POINT!
2つの三角形は底辺が同じで高さが等しい。

 え!? 今まで習った長方形，ひし形，正方形って，全部，平行四辺形の仲間なの？

 そうなんだよ。対角線の性質のちがいがポイント！

 仲間がいっぱーい!! その中でも，正方形って最強っぽくない!?

 長方形とひし形の両方の性質を持ってるからね♪

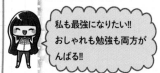 私も最強になりたい!! おしゃれも勉強も両方がんばる!!

 すばらしい!!

---

check! 次の問いに答えよう ♥ ♥ ♥

☞答えはp.88だよ。

1 次の平行四辺形で，∠x，∠yの大きさは？

(1)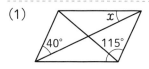
x / 40° / 115°

(2)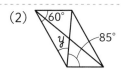
60° / y / 85°

2 平行四辺形ABCDに次の条件が加わると，何という四角形になる？

(1) AC⊥BD

(2) AC⊥BD，AC＝BD

確率

次は，確率!!
解き方をおさえて，問題がバッチリ解けるようになろう!!

確率

ことがらAの起こる確率p

起こりうるすべての場合が n 通りあり，
そのどれが起こることも同様に確からしいとする。
そのうちAの起こる場合が a 通りのとき，

$$p = \frac{a}{n}$$

起こる場合が0通りだったら，確率はどうなるの？

確率は0になるよ。けっして起こらないということだね。

じゃあ，必ず起こる場合は？

確率は1になるよ!!
つまり，$0 \leqq p \leqq 1$ だね♪

図や表を使って解く方法

例 1，2，4，7の4つの数が1つずつ書かれた4枚のカードが入った箱があります。この中から，2枚のカードを取り出して，取り出した順に，十の位，一の位とし，2けたの整数をつくります。このとき，25より小さい整数ができる確率は？

➡ 樹形図や表をかいて求める!

樹形図

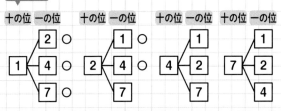

十の位 ＼ 一の位	1	2	4	7
1		○	○	○
2	○		○	
4				
7				

➡起こりうるすべての場合が12通りで，25より小さい場合は○をつけた5通り。

よって，求める確率は，$\dfrac{5}{12}$

表

樹形図ってかかないとダメなの〜？数が多いと，かくの大変だよー。

表にまとめてもいいよ。図や表をかかないと，数えもれが起きやすいよ。数が小さい順とか，ルールを決めてかいていけば，意外とカンタンだよ!!

p.87の check! の答え ❶ (1) $\angle x = 25°$ (2) $\angle y = 35°$
❷ (1) ひし形 (2) 正方形 ▷ 詳しい解説はp.218を見てね。

起こらない確率

Aの起こる確率をpとすると，　Aの起こらない確率$＝1－p$

例　1個のさいころを1回投げるとき，出る目の数が3の倍数にならない確率は？

→　さいころの目の出方は1～6の6通り。◀── 起こりうるすべての場合

　　そのうち，目の数が3の倍数なのは，3，6の2通り。◀── Aの起こる場合

　　3の倍数の目が出る確率は，$\dfrac{2}{6}＝\dfrac{1}{3}$

★ POINT!
3の倍数にならない確率
＝1－（3の倍数になる確率）

　　よって，3の倍数にならない確率は，$1－\dfrac{1}{3}＝\dfrac{2}{3}$

全体から，起こる場合をひけばいいのかぁ～。

その通り!!
起こる場合のほうが求めやすいときは，この方法が便利だよね☆

---

check!　　次の問いに答えよう ♥ ♥ ♥

♥答えはp.90だよ。

1 1個のさいころを1回投げるとき，次の確率を求めよう。

　(1)　出る目の数が偶数になる確率

　(2)　出る目の数が4の約数にならない確率

2 1，2，3，4，5，6の数が1つずつ書かれた6枚のカードが入った箱があります。この中から，同時に2枚取り出すとき，次の確率を求めよう。

　(1)　2枚とも3以下のカードを取り出す確率

　(2)　取り出した2枚のカードに書かれた数の和が9以上になる確率

3 箱の中に，赤い玉が2個，白い玉が1個，青い玉が3個入っています。この中から，2個の玉を同時に取り出すとき，次の確率を求めよう。

　(1)　2個の玉のうち，1個は白い玉を取り出す確率

　(2)　赤い玉と青い玉を1個ずつ取り出す確率

10 四分位範囲と箱ひげ図

いろいろなデータを比べるときに便利なやり方を学ぶよ!!
さあ，このままラストスパート!!

四分位数と四分位範囲

四分位数 データを小さい順に並べて4等分したときの，3つの区切りの値。小さい順に，第1四分位数，第2四分位数（中央値），第3四分位数という。

四分位範囲 （四分位範囲）＝（第3四分位数）－（第1四分位数）

データの個数が奇数

♡ **例** 次のデータは，7個の卵の重さを調べ，軽いほうから並べたものです。このデータの四分位数は？

$$63, \ 64, \ 66, \ 67, \ 68, \ 68, \ 69 \ \text{(g)}$$

第1四分位数…64g，第2四分位数…67g，第3四分位数…68g

データの個数が偶数

♡ **例** 次のデータは，あるクラスで大縄跳びを10回行い，連続して跳んだ回数を少ないほうから並べたものです。このデータの四分位数と四分位範囲は？

$$8, \ 11, \ 13, \ 13, \ 16, \ 18, \ 18, \ 21, \ 24, \ 27 \ \text{(回)}$$

第1四分位数…13回，第2四分位数…$(16＋18) \div 2 ＝ 17$(回)，
第3四分位数…21回
四分位範囲…$21 － 13 ＝ 8$(回)

↑
中央に並ぶ16と18の平均値

四分位数を求めるときは，まず，データを並べる。
次に，中央値（第2四分位数）を求める。
そして，中央値より大きいグループ，小さいグループそれぞれの中央値を求めると，第1四分位数，第3四分位数がわかるよ。

混乱してたけど，わかってきた！
データを4等分するってことなのね。

その通り☆
データの個数が偶数か奇数かによって，求め方が変わるから注意しよう。

p.89の check! の答え ♥(1) $\frac{1}{2}$ (2) $\frac{1}{2}$ ♦(1) $\frac{1}{5}$ (2) $\frac{4}{15}$
♦(1) $\frac{1}{3}$ (2) $\frac{2}{5}$ ➡詳しい解説はp.219を見てね。

90

<ruby>箱<rt>はこ</rt></ruby><ruby>ひげ図<rt>ず</rt></ruby>

データの四分位数，最小値，最大値を箱と
線分（ひげ）を使って，下の図のように表し
たもの。

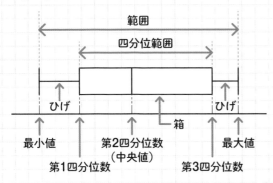

♡ 次のデータは，11人の生徒が行った10点
満点の漢字テストの結果を低いほうから順
に整理したものです。このデータの箱ひげ
図をかくと？

- - - - - - - - - - - - - - - -

5, 5, 6, 6, 7, 8, 8, 9, 9, 10, 10 （点）

→ まず，データの四分位数，最小値，最大値を求
める。

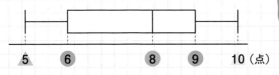

5　6　8　9　10（点）

♡ 答えは p.92 だよ。

check! 次の問いに答えよう ♥ ♥ ♥

❶ 右の箱ひげ図は，15人の生徒
の1か月の読書時間を調べた結
果を表したものです。このデー
タの最小値，最大値，四分位数は？

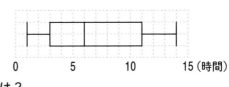

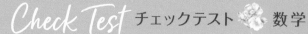
第1章　式の計算　♥ 復習 p.72-75 ♥

★　次の❶～❿の計算をしなさい。

□ ❶ $4x - 3y - 6x + 2y$ [   ]   □ ❷ $xy + x - 2xy - 4x$ [   ]

□ ❸ $5(5x - 3y)$ [   ]   □ ❹ $2(4a + 6b - c)$ [   ]

□ ❺ $(14x + 8y) \div (-2)$ [   ]   □ ❻ $(2x - 5y) - (7x - 9y)$ [   ]

□ ❼ $3(a^2 + 2a) + 2(5a^2 - a)$ [   ]

□ ❽ $6xy \times 2y^2 \div 4y^3$ [   ]

□ ❾ $\dfrac{2}{5}a^2 \div 4ab \times 15b^2$ [   ]

□ ❿ $(-2x^2y) \times \dfrac{3}{4}y \div \left(-\dfrac{5}{6}xy^2\right)$ [   ]

★　次の⓫～⓭の値を求めなさい。

□ ⓫ $x = 4$，$y = -7$ のとき，$\dfrac{5}{6}(3x - 12y)$ の値   [   ]

□ ⓬ $x = -5$，$y = \dfrac{2}{3}$ のとき，$2(2x + 3y) - 5(x + 6y)$ の値   [   ]

□ ⓭ $a = -\dfrac{1}{4}$，$b = 6$ のとき，$5a \times 4a^2b \div 10ab^2$ の値   [   ]

★　次の⓮～⓱の式を，y について解きなさい。

□ ⓮ $8x + 9y = 1$ [   ]   □ ⓯ $-3xy = 15$ [   ]

□ ⓰ $2(x - 2y) = 6$ [   ]   □ ⓱ $4x + y = 7x - 5y + 3$ [   ]

第2章　連立方程式　♥ 復習 p.76-77 ♥

★　次の❶～❽の連立方程式を解きなさい。

□ ❶ $\begin{cases} y = 4x + 7 \\ 3x - 5y = -18 \end{cases}$ □ ❷ $\begin{cases} x + 4y = 11 \\ 2x + y = 1 \end{cases}$

[   ]   [   ]

□ ❸ $\begin{cases} y = 3x + 2 \\ 8x - 3y = -7 \end{cases}$ □ ❹ $\begin{cases} 4x - 9y = 22 \\ 6x + 7y = -8 \end{cases}$

[   ]   [   ]

□ ❺ $\begin{cases} 3x + 4(y - 1) = 3 \\ 12x + 11y = 8 \end{cases}$ □ ❻ $\begin{cases} 5x - 2y = 14 \\ 0.3x + 0.8y = -1 \end{cases}$

[   ]   [   ]

p.91 の check! の答え ❶ 最小値…1時間, 最大値…14時間, 第1四分位数…3時間, 第2四分位数…6時間, 第3四分位数…11時間 ⇒詳しい解説はp.219を見てね。

□ ⑦ $\begin{cases} y = -5x + 13 \\ \dfrac{x}{3} - \dfrac{y}{2} = 2 \end{cases}$　　　　　　□ ⑧ $x - 4y = 2x - 10y = 2$

[　　　　　] 　　　　　　　　　　　　　[　　　　　]

★　1本80円のボールペンと，1本130円のサインペンを，合わせて10本買ったら，代金の合計が950円になりました。これについて，次の⑨，⑩の問いに答えなさい。

□ ⑨ ボールペンの本数を x 本，サインペンの本数を y 本として，本数の関係と代金の関係を，それぞれ式に表しなさい。　　[　　　　　　　　　　　]

□ ⑩ ⑨の式を連立方程式として解いて，ボールペンの本数とサインペンの本数をそれぞれ求めなさい。　　[ボールペン…　　　　　，サインペン…　　　　]

第3章　1次関数　♥復習 p.78-81 ♥

★　次の❶～❸の問いに答えなさい。

□ ❶ 1次関数 $y = -2x + 9$ で，x が3から7まで増加したときの，変化の割合を求めなさい。

[　　　　　]

□ ❷ 1次関数 $y = \dfrac{1}{3}x - 2$ で，$3 \leqq x \leqq 12$ のときの，y の変域を求めなさい。

[　　　　　]

□ ❸ 1次関数 $y = -4x + 1$ で，$-2 \leqq x \leqq 5$ のときの，y の変域を求めなさい。

[　　　　　]

★　右のグラフについて，次の❹～❼の問いに答えなさい。

□ ❹ ㋐の直線の傾きを答えなさい。

[　　　　　]

□ ❺ ㋑の直線と y 軸の交点の座標を答えなさい。

[　　　　　]

□ ❻ ㋐の直線の式を求めなさい。

[　　　　　]

□ ❼ ㋑の直線の式を求めなさい。

[　　　　　]

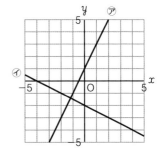

★　次の❽～⓫の直線の式を求めなさい。

□ ❽ 傾きが−1で，点(−5，3)を通る直線　　　　　[　　　　　]

□ ❾ 直線 $y = \dfrac{1}{2}x + 1$ に平行で，点(6，7)を通る直線　[　　　　　]

□ ❿ 2点(−8，−4)，(−3，6)を通る直線　　　　　[　　　　　]

□ ⓫ 2点(1，5)，(5，−1)を通る直線　　　　　　　[　　　　　]

第4章　図形の調べ方　♥ 復習 p.82-85 ♥

★　次の❶～❸の，∠x，∠y の大きさを求めなさい。

□ ❶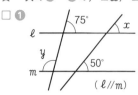

（ℓ//m）

□ ❷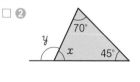

□ ❸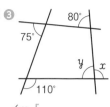

∠x ［　　　　　］　　　∠x ［　　　　　］　　　∠x ［　　　　　］

∠y ［　　　　　］　　　∠y ［　　　　　］　　　∠y ［　　　　　］

★　次の❹～❼の多角形の内角の和を求めなさい。

□ ❹ 五角形　　　　［　　　　　　　］　　□ ❺ 七角形　　　　［　　　　　　　］

□ ❻ 十二角形　　　［　　　　　　　］　　□ ❼ 十五角形　　　［　　　　　　　］

★　右の図で，∠ACB＝∠DBC，∠ABD＝∠DCAのとき，
　△ABC≡△DCBであることを証明します。これについて，
　ア～ウにあてはまる記号を答えなさい。

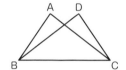

□ ❽ ［証明］　△ABCと△DCBにおいて，
　　　　　　　仮定より，［ア　　　　］＝∠DBC　…①
　　　　　　　　　　　　　∠ABD＝［イ　　　　］　…②
　　　　　　①，②より，∠DBC＋∠ABD＝∠ACB＋∠DCA
　　　　　　よって，［ウ　　　　］＝∠DCB　…③
　　　　　　共通な辺だから，BC＝CB　…④
　　　　　　①，③，④より，1組の辺とその両端の角がそれぞれ等しいので，
　　　　　　△ABC≡△DCB

★　右の図の四角形ABCDは長方形で，AE＝BEのとき，
　△ADE≡△BCEであることを証明します。これについて，
　ア～ウにあてはまる記号を答えなさい。

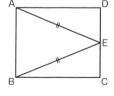

□ ❾ ［証明］　△ADEと△BCEにおいて，
　　　　　　　仮定より，AE＝［ア　　　　］…①
　　　　　　　長方形の対辺の長さは等しいから，［イ　　　　］＝BC　…②
　　　　　　　長方形の角はすべて直角だから，［ウ　　　　］＝∠BCE＝90°　…③
　　　　　　①，②，③より，直角三角形で，斜辺と他の1辺がそれぞれ等しいので，
　　　　　　△ADE≡△BCE

第5章　図形の性質　

第5章　図形の性質　〔復習 p.86-87〕

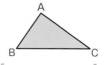

★　三角形ABCで，次の❶，❷の条件が成り立つとき，三角形の
　　名前を答えなさい。

□ ❶ AB＝BC　［　　　　　　　　　　　］　　□ ❷ ∠A＝∠B＝∠C　［　　　　　　　　　］

★　次の❸，❹の平行四辺形の，∠x，∠y の大きさを求めなさい。

□ ❸ 　　∠x ［　　　　　　　］
　　　　　　　　　　　　　　　∠y ［　　　　　　　］

□ ❹ 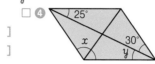　　∠x ［　　　　　　　］
　　　　　　　　　　　　　　　∠y ［　　　　　　　］

★　右の図で，PQ//ABのとき，次の❺，❻の問いに答えなさい。

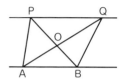

□ ❺ △PABと面積が等しい三角形を答えなさい。
　　　　　　　　　　　　　　　　［　　　　　　　　　　］

□ ❻ △PAOと面積が等しい三角形を答えなさい。
　　　　　　　　　　　　　　　　［　　　　　　　　　　］

第6章　確率　〔復習 p.88-89〕

★　次の問題に答えなさい。

□ ❶ 硬貨を3回投げるとき，少なくとも1回は裏が出る確率を求めなさい。［　　　　　　　］

□ ❷ 1，2，3，6，8の数が1つずつ書かれた5枚のカードが入った箱があります。この
　　中から，同時に2枚取り出すとき，2枚に書かれた数の和が9になる確率を求めな
　　さい。　　　　　　　　　　　　　　　　　　　　　　　　　　　［　　　　　　　　］

第7章　データの活用　〔復習 p.90-91〕

★　右の図は，あるクラスの生徒
　　の1日の家庭学習時間を箱ひ
　　げ図に表したものです。これ
　　について，次の問いに答えな
　　さい。

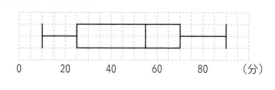

□ ❶ 最小値，最大値を答えなさい。　　　　　　［最小値…　　　　　，最大値…　　　　　］

□ ❷ 四分位数を答えなさい。
　　　　　　　　［第1四分位数…　　　　，第2四分位数…　　　　，第3四分位数…　　　　］

□ ❸ 四分位範囲を求めなさい。　　　　　　　　　　　　　　　　　　　［　　　　　　　　］

式の計算

★ 同類項
文字の部分が
まったく同じ項。

数×多項式の加減

分配法則 $a(b+c)=ab+ac$ でかっこをはずして，同類項をまとめる。

例 $2(3a+b)-4(5a-3b)=6a+2b-20a+12b$
$$=6a-20a+2b+12b$$
$$=-14a+14b \quad \longleftarrow \text{同類項をまとめる}$$

単項式の乗法

係数の積に文字の積をかける。

例 $3xy \times 5x = 3 \times x \times y \times 5 \times x$
$$=3 \times 5 \times x \times x \times y$$
$$=15x^2y$$

単項式の除法

- 逆数をかけるかけ算になおす。
- 分数の形にして約分する。

例 $15x^2y \div 3x = 15x^2y \times \dfrac{1}{3x} = \dfrac{15x^2y}{3x} = 5xy$

連立方程式

1つの文字を消去して，
他の文字についての
方程式をつくる。

例 $\begin{cases} 6x-y=1 & \cdots① \\ 4x-3y=17 & \cdots② \end{cases}$

加減法

①×3－②より，

$yを消去$

$$\begin{array}{r} 18x-3y=3 \\ -)\ 4x-3y=17 \\ \hline 14x\quad\ =-14 \end{array}$$

$$x=-1$$

①に代入して，
$6 \times (-1)-y=1$
より，$y=-7$

代入法

①より，$y=6x-1 \cdots①'$
これを②に代入して，
$$4x-3(6x-1)=17$$
$$-14x=14$$
$$x=-1$$

①'に代入して，
$y=6 \times (-1)-1=-7$

1次関数

[$a>0$のとき]

1次関数の式　$y=\underset{傾き}{a}x+\underset{切片}{b}$

$y=ax+b$のグラフ

傾きa，切片bの直線

$\begin{cases} a>0 & \to \text{右上がり} \\ a<0 & \to \text{右下がり} \end{cases}$

$y=ax+b$

変化の割合　$\dfrac{y の増加量}{x の増加量}=a$（一定）

図形の角の性質

対頂角

対頂角は等しい。

$\angle a = \angle c$, $\angle b = \angle d$

同位角と錯角

$\ell /\!/ m$ ならば，

$\angle a = \angle b$, $\angle a = \angle c$

三角形の内角と外角

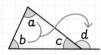

$\angle a + \angle b + \angle c = 180°$

$\angle a + \angle b = \angle d$

三角形と四角形

三角形の合同条件

- 3組の辺がそれぞれ等しい。
- 2組の辺とその間の角がそれぞれ等しい。
- 1組の辺とその両端の角がそれぞれ等しい。

平行四辺形

〈定義〉2組の対辺がそれぞれ平行な四角形。

〈定理〉 ● 2組の対辺はそれぞれ等しい。
- 2組の対角はそれぞれ等しい。
- 対角線はそれぞれの中点で交わる。

二等辺三角形

〈定義〉2つの辺が等しい三角形。

〈定理〉● 2つの底角は等しい。
- 頂角の二等分線は，底辺を垂直に2等分する。

確率

ことがらAの起こる確率 $\cdots p = \dfrac{a}{n}$ $\left(\begin{array}{l} a \cdots\text{Aの起こる場合の数} \\ n \cdots\text{すべての起こりうる場合の数} \end{array}\right)$

（どれが起こることも同様に確からしいとする。）

確率pの範囲　$0 \leqq p \leqq 1$

四分位範囲と箱ひげ図

最小値　第2四分位数　　最大値
第1四分位数　　　第3四分位数

（四分位範囲）
＝（第3四分位数）－（第1四分位数）

Girl's Life

Column

中2で習った数学が,
こんな場面で使えるよ。
これでステキな数学女子に
なれちゃうかも?!

ファッション × 図形

矢羽根模様って知ってる?
矢羽根とは, 矢の上部につける
羽根のことで, この模様は平行
四辺形がたくさん並んでいるよ。
和服には図形を扱った模様がけ
っこうあるよ。例えば, 麻の葉
模様, 鱗文とか。
和服で毎日を過ごした女の子た
ちは, 図形の作り出す模様に,
気持ちをウキウキさせたのかも。
いまどき女子とアーガイルみた
いに身近な関係だったのかな?
図形って案外ファッションに貢
献してるかも。

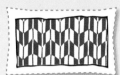

▲矢羽根模様

▲麻の葉模様

▲鱗文

1次関数でかしこく貯金♪

毎月, おこづかいをためてワン
ピースがほしい! そんなとき
には1次関数$y=ax+b$の式を思
い出してみよう☆
お年玉が5000円あって, 毎月
200円ずつためようと思ったら,
$y=200x+5000$の式が成り立つ。
xには貯金していく月数が入り,
yはxに入る月数のときの貯金
額になるんだ。
1次関数を利用して貯金すると,
計画的にお金をためる習慣がで
きるし, 目標額も決められちゃ
う。おっきな貯金箱が必要かも。

切り替えがおしゃれ

花柄がスキ!

式は$y=200x+5000$

●3か月後の貯金額は
$x=3$を式に代入して
$y=200×3+5000$
$y=5600$

5600円

●8000円が貯金できるのは
$y=8000$を式に代入して
$8000=200×x+5000$
$x=15$

1年3か月(15か月)後

カレの隣の席になる確率は……

新学期になると席替えをするけど,
カレの隣の席になれるかどうかは運
命の神のみぞ知る!?
いいえ! 神様でなくてもわかる方
法があるよ。それは, 計算で確率を
求めること。
クラスの人数は30人で, 縦に5人,
横に6人という席の並び。だから,
自分が端になる場合と端以外になる
場合とで右のように考えるよ。
結果は$\frac{5}{87}$! 確率ってこういうこ
ともわかるんだね。…でも, 知らな
いほうがよかったかな。

教室の席の並び

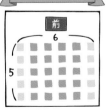

前

6

5

★自分とカレの座る席のすべての場合の数
自分の席が30通りで, そのそれぞれ
についてカレの席がそれ以外の29通
りあるので, 30×29=870(通り)

★カレの隣の席になる場合の数
①自分が端( )になるとき
端の席は10通りで, 隣の席はそ
のそれぞれについて1つだけなので,
10×1=10(通り)
②自分が端以外( )になるとき
 の席は20通りで, 隣の席はそ
のそれぞれについて左右2つずつ
あるので, 20×2=40(通り)
⇨カレの隣の席になる確率
$\frac{10+40}{870}=\frac{5}{87}$

$\frac{5}{87}$

CECIL McBEE

Study Collection

Science

♥

理科の勉強が始まるよ。

原子・分子

物質をつくっている最小の粒子が原子，原子が結びついた粒子が分子だよ。
原子の種類を元素というね。

原子の性質

★POINT!
原子の種類を
元素というよ。

①分けることができない。

③新しくできたり，ほかの原子に
変わったり，なくなったりしない。

②種類によって，質量・
大きさが決まっている。

元素記号（□は非金属　□は金属）

水素	H	ナトリウム	Na
炭素	C	マグネシウム	Mg
窒素	N	鉄	Fe
酸素	O	銅	Cu
硫黄	S	銀	Ag
塩素	Cl	亜鉛	Zn

分子のモデル

水素原子　水素原子

水素分子

酸素原子　酸素原子

酸素分子

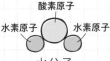

酸素原子
水素原子　　　水素原子

水分子

分子をつくらない物質のモデル

銀原子

銀

塩素原子
ナトリウム原子

塩化ナトリウム

物質は，小さい粒子がいっぱい集まってできているんだよね。

そうだよ。物質が，もうこれ以上小さくならない！っていういちばん小さな粒子のことを，原子っていうんだよ。

元素記号は，アルファベットで表されるよ。

C l

1文字目は　　2文字目は
大文字　　　　小文字

酸素って，空気中に酸素原子が散らばってるの？

酸素は原子1個で存在しているんじゃなくて，酸素原子が2個結びついた状態で存在しているよ。この原子が結びついた粒子を分子というよ。

物質って，みんな分子をつくっているの？

分子をつくらない物質もあるよ。銀などの金属は，分子をつくらずに原子がたくさん集まってできているよ。

化学式

物質を元素記号を使って表したものを化学式というよ。

分子をつくる物質

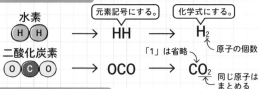

水素
H H → 元素記号にする。

H_2 → 化学式にする。
原子の個数

二酸化炭素
O C O
「1」は省略
CO_2
同じ原子はまとめる

「H_2」って，何て読むの？

「エイチツー」だよ。化学式を見ると，物質のつくりがわかるね。

分子をつくらない物質

塩化ナトリウム

ナトリウム原子と塩素原子が1個ずつの割合で集まってできている。

1個ずつの原子で代表させる。

Na Cl → NaCl

物質の分類

		分子をつくる物質	分子をつくらない物質
純物質（純粋な物質）	単体	水素 H_2　酸素 O_2	銅 Cu　鉄 Fe
	化合物	水 H_2O 二酸化炭素 CO_2	酸化銅 CuO 塩化ナトリウム NaCl

物質
- 純物質（純粋な物質）
- 混合物　食塩水，空気，ジュースなど

純物質はさらに単体と化合物に分けられるんだね。

1種類の元素だけでできている物質が単体，2種類以上の元素でできている物質が化合物だよ。

---

check! 次の問いに答えよう ♥ ♥ ♥

答えはp.102だよ。

1 物質をつくる最も小さい粒子を何という？

2 原子の種類を何という？

3 次の物質を化学式で書こう。

(1) 二酸化炭素　　(2) 塩化ナトリウム　　(3) 酸素　　(4) 水

2 分解・化学反応式

1種類の物質が2種類以上の物質に分かれる化学変化（化学反応）を分解というよ。
2種類以上の物質が結びついて別の物質ができる化学変化もあるよ。

炭酸水素ナトリウムの分解

炭酸水素ナトリウム　➡　炭酸ナトリウム　＋　水　＋　二酸化炭素

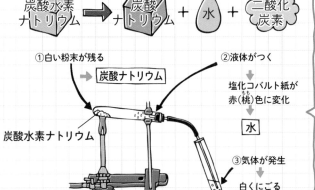

① 白い粉末が残る
➡ 炭酸ナトリウム

炭酸水素ナトリウム

② 液体がつく
↓
塩化コバルト紙が
赤(桃)色に変化
↓
水

③ 気体が発生
↓
白くにごる
↓
二酸化炭素

石灰水

炭酸水素ナトリウムは、ケーキをつくるときに、生地をふくらませるために入れるベーキングパウダーの主成分だよ。なんでふくらむかわかる？

う〜ん。ケーキを焼くと炭酸水素ナトリウムが加熱されて分解して…。あ！二酸化炭素が発生するから！？

正解！ほかに加熱して分解する物質に、酸化銀などがあるよ。酸化銀は、加熱すると銀と酸素に分解するよ。

水の電気分解

水　➡　水素　＋　酸素

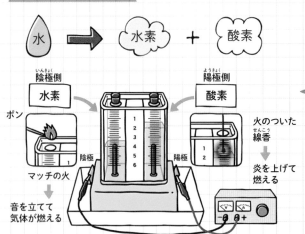

陰極側
水素

陽極側
酸素

ポン

陰極

マッチの火
↓
音を立てて
気体が燃える

陽極

火のついた
線香
↓
炎を上げて
燃える

水は、電流を流すと分解できるよ。

陰極側の水素の方が、たくさん発生してるみたいだね。

そのとおり！水素と酸素は、2：1の体積比で発生するよ。

p.101の check! の答え ❶原子 ❷元素 ❸(1) CO_2 (2) $NaCl$ (3) O_2 (4) H_2O

化学反応式 (かがくはんのうしき)

水の電気分解

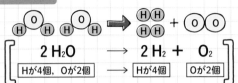

$$2H_2O \longrightarrow 2H_2 + O_2$$

Hが4個, Oが2個 → Hが4個　Oが2個

水の電気分解を, 化学反応式で表してみよう。

→の左に反応前, 右に反応後の物質を書くんだね。

→の左右で原子の種類(げんし)と数をそろえるのを忘れないでね。

鉄と硫黄の混合物の加熱 (いおう)

$$\text{鉄} + \text{硫黄} \longrightarrow \text{硫化鉄 (りゅうかてつ)}$$
$$Fe + S \longrightarrow FeS$$

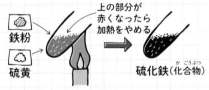

鉄粉

硫黄

上の部分が赤くなったら加熱をやめる

硫化鉄（化合物）(かごうぶつ)

〔鉄と硫黄の混合物の性質〕　つく

うすい塩酸　磁石 (じしゃく)

においのない気体(水素)が発生

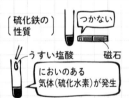

〔硫化鉄の性質〕　つかない

うすい塩酸　磁石

においのある気体(硫化水素)が発生

鉄と硫黄の混合物と, 加熱してできた硫化鉄では, 性質がちがうね。

硫化鉄は鉄と硫黄が結びついてできた, 鉄でも硫黄でもない物質だよ。

物質どうしが結びつくと, もとの物質とはちがう物質になるんだね。

---

check! 次の問いに答えよう ♥ ♥ ♥

♥ 答えはp.104だよ。

❶ 次の文中の □ にあてはまることばを答えよう。

　　炭酸水素ナトリウムを加熱すると, 固体の(1)□ と, 液体の(2)□ と, 気体の(3)□ に分解する。

❷ 水を電気分解したとき, 陰極と陽極で発生する気体はそれぞれ何？

❸ 鉄と硫黄の混合物を加熱するとできる黒色の物質は何？

酸化・還元

物質が酸素と結びつく化学変化を酸化，酸化によってできた物質を酸化物，
酸化物が酸素をうばわれる化学変化を還元というよ。

銅の酸化

$$[\ 銅\ +\ 酸素\ \longrightarrow\ 酸化銅\ ]$$
$$[\ 2Cu\ +\ O_2\ \longrightarrow\ 2CuO\ ]$$

銅板

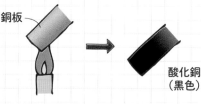

酸化銅
（黒色）

> 銅を加熱すると，空気中の酸素と結びついて酸化銅という黒色の物質になるよ。物質が酸素と結びつくことを酸化，酸化によってできた物質を酸化物っていうんだ。

> 酸化銅は銅の酸化物だね。

金属の燃焼

鉄（スチールウール）の燃焼

$$[\ 鉄\ +\ 酸素\ \longrightarrow\ 酸化鉄\ ]$$

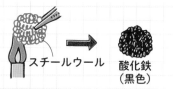

スチールウール 酸化鉄
（黒色）

> スチールウールを加熱してできた酸化鉄の性質は，
> ①手でさわるとくずれる
> ②電流を流さない
> ③うすい塩酸に入れても気体が出ない

> 鉄とは性質がちがうね。

> 鉄やマグネシウムを加熱したときのように，熱や光を出しながら激しく酸化することを燃焼っていうよ。

マグネシウムの燃焼

$$[\ マグネシウム\ +\ 酸素\ \longrightarrow\ 酸化マグネシウム\ ]$$
$$[\ 2Mg\ +\ O_2\ \longrightarrow\ 2MgO\ ]$$

マグネシウム 酸化マグネシウム
（白色）

> 熱や光を出さない酸化もあるの？

> たとえば金属にできるさびは，金属が空気中の酸素と結びついてできた酸化物だよ。

p.103の check! の答え ❶(1) 炭酸ナトリウム （2）水 （3）二酸化炭素
❷陰極…水素 陽極…酸素 ❸硫化鉄

金属以外の物質の燃焼

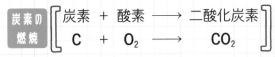

炭素の燃焼	炭素 ＋ 酸素 ⟶ 二酸化炭素 C ＋ O_2 ⟶ CO_2
水素の燃焼	水素 ＋ 酸素 ⟶ 水 $2H_2$ ＋ O_2 ⟶ $2H_2O$

ロウやエタノールなどの有機物は，炭素や水素をふくむから，燃やすと二酸化炭素や水ができるよ。

有機物 ＋ 酸素 → 二酸化炭素 ＋ 水

熱，光

酸化銅の還元（かんげん）

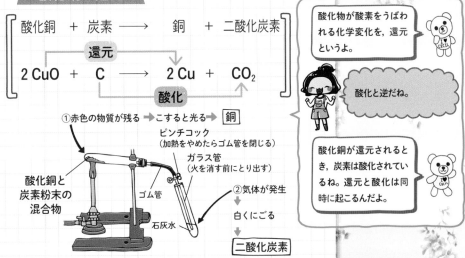

酸化銅 ＋ 炭素 ⟶ 銅 ＋ 二酸化炭素

還元
$$2CuO + C \longrightarrow 2Cu + CO_2$$
酸化

①赤色の物質が残る ➡ こすると光る ➡ 銅

ピンチコック（加熱をやめたらゴム管を閉じる）

ガラス管（火を消す前にとり出す）

酸化銅と炭素粉末の混合物

ゴム管

②気体が発生
↓
白くにごる
↓
二酸化炭素

石灰水

酸化物が酸素をうばわれる化学変化を，還元というよ。

酸化と逆だね。

酸化銅が還元されるとき，炭素は酸化されているね。還元と酸化は同時に起こるんだよ。

check!　次の問いに答えよう ♥ ♥ ♥

　♥答えはp.106だよ。

❤1 物質が酸素と結びつく化学変化を何という？

❤2 酸化物が酸素をうばわれる化学変化を何という？

❤3 ☐☐☐にあてはまることばを答えよう。

┌──(1)☐☐☐──┐
酸化銅 ＋ 炭素 → 銅 ＋ 二酸化炭素
└────(2)☐☐☐────┘

4 化学変化と物質の質量

化学変化の前後で，物質全体の質量は変わらないよ。
また，2つの物質が結びつくとき，質量の割合はいつも一定になるよ。

沈殿ができる反応（硫酸と塩化バリウム水溶液）

うすい硫酸　うすい塩化バリウム水溶液　白い沈殿（硫酸バリウム）

180.00g　混ぜ合わせる。　**180.00g**

質量は変わらない。

反応の前後で，全体の質量は変わらないね。

化学変化の前後で，物質全体の質量は変わらないんだ。このことを「質量保存の法則」というよ。

[質量保存の法則]

気体が発生する反応（炭酸水素ナトリウムと塩酸）

密閉していないとき

うすい塩酸　炭酸水素ナトリウム

発生したCO_2は空気中に出ていく。

50.00g　混ぜ合わせる。　**49.30g**

反応後の質量が減る。

密閉していないときは，反応後の質量が減ったよ。

この反応で発生した気体の二酸化炭素は，密閉していないと空気中に出ていくよ。

密閉しているとき

うすい塩酸　炭酸水素ナトリウム

発生したCO_2は容器の中。

ふたを開けると質量は減る。

70.00g　混ぜ合わせる。　**70.00g**

質量は変わらない。

出ていった二酸化炭素の分だけ，質量が減ったんだね。

密閉していれば，反応の前後で全体の質量は変わらないから，気体が発生する反応でも，質量保存の法則は成り立っているね。

質量保存の法則

反応前の質量		反応後の質量

p.105の check! の答え ❶酸化　❷還元　❸(1) 還元　(2) 酸化

金属と酸化物の質量の関係

銅　＋　酸素　——→　酸化銅

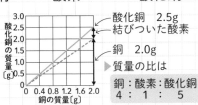

酸化銅　2.5g
結びついた酸素　0.5g
銅　2.0g
▶質量の比は

銅	：	酸素	：	酸化銅
4	：	1	：	5

マグネシウム　＋　酸素　——→　酸化マグネシウム

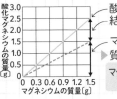

酸化マグネシウム　2.5g
結びついた酸素　1.0g
マグネシウム　1.5g
▶質量の比は

マグネシウム	：	酸素	：	酸化マグネシウム
3	：	2	：	5

銅やマグネシウムの粉末をときどきかき混ぜながら加熱すると，質量がふえるね。

結びついた酸素の分だけ質量がふえるんだよ。

金属の質量を変えて酸化物の質量を調べると，左のグラフのようになるね。

どちらも，酸化物の質量は金属の質量に比例しているね。金属と酸素はいつも決まった質量の割合で結びつくんだよ。

化学変化と熱

発熱反応…熱を発生する反応

物質A　＋　…→　物質B　＋　…　＋　熱

吸熱反応…熱を吸収する反応

物質C　＋　…　＋　熱　→　物質D　＋　…

かいろは，鉄が酸化するときに発生する熱を利用したものだよ。

カイロ

---

check! 次の問いに答えよう ♥ ♥ ♥

答えはp.108だよ。

1　化学変化の前後で，物質全体の質量が変わらないことを何の法則という？

2　銅と酸素が結びつくときの質量の比は？

3　マグネシウム 3.0g からできる酸化マグネシウムは何g？

4　熱を出す化学変化を何という？

107

5 細胞・植物のからだのつくり

顕微鏡の使い方，植物の細胞と動物の細胞のつくりのちがいをまとめよう。
植物の茎や葉のつくりとはたらきも見てみよう。

顕微鏡の使い方

ステージ上下式顕微鏡

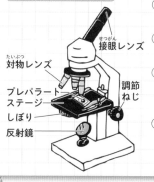

接眼レンズ
対物レンズ
プレパラート
ステージ
しぼり
反射鏡
調節ねじ

① 接眼レンズ→対物レンズの順にとりつける。
② 反射鏡を動かして視野を明るくする。
③ プレパラートをステージにのせる。
④ 横から見ながら対物レンズとプレパラートをできるだけ近づける。
⑤ 接眼レンズをのぞき，対物レンズとプレパラートを遠ざけながらピントを合わせる。

顕微鏡で小さなものを大きくして見てみよう。倍率の求め方は？

たしか，レンズに書いてある数字どうしをかけ算すればいいよね。

そうだね。顕微鏡の倍率は，接眼レンズの倍率×対物レンズの倍率で求められるよ。

細胞のつくり

植物の細胞　　動物の細胞

共通なつくり
液胞
葉緑体
細胞壁
核
細胞膜

単細胞生物　　多細胞生物

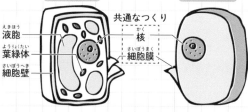

細胞
組織
筋細胞
筋組織
器官
個体
胃
ヒト

ゾウリムシ
アメーバ
ミカヅキモ

植物や動物のからだは，細胞からできているよ。

液胞，葉緑体，細胞壁は，植物の細胞に特徴的なつくりなんだね。

核は，ふつう細胞に1個あって，酢酸カーミンなどの染色液によく染まるよ。

からだが1つの細胞でできている生物を単細胞生物，多くの細胞でできている生物を多細胞生物というよ。

p.107の check! の答え ❶質量保存の法則　❷銅：酸素＝4：1　❸5.0g　❹発熱反応

茎や葉のつくりとはたらき

茎の断面

単子葉類 （例）イネ

維管束

維管束は散らばっている

維管束
師管
道管

双子葉類 （例）ヒマワリ

維管束

維管束
師管
道管

維管束は輪状に並んでいる

道管 …根で吸収された水や水にとけた養分の通り道。

師管 …葉でつくられたデンプンなどの栄養分の通り道。

維管束 …道管と師管の集まり。

葉のつくり

葉の断面図

葉の表
葉の裏
道管
気孔　師管

気孔

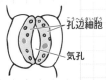
孔辺細胞
気孔

茎の維管束の並び方は，植物の種類によってちがうんだ？

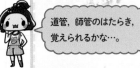
そうなんだ。散らばっているもの，輪状に並んでいるものがあるよ。

道管，師管のはたらき，覚えられるかな…。

内側を通る道管は，根で吸収した水が通るから，「ウチの水道管」と覚えるといいよ。

葉には気孔というすきまがあるよ。根から吸い上げた水が水蒸気になってここから出されるんだ。これを蒸散というよ。

小学校で習ったかも…!?

気孔では，酸素や二酸化炭素も出入りするよ。

---

check! 次の問いに答えよう ♥ ♥ ♥

答えはp.110だよ。

❶ 接眼レンズが15倍で対物レンズが40倍のときの顕微鏡の倍率は？

❷ 液胞や細胞壁があるのは，動物の細胞と植物の細胞のどちら？

❸ 道管と師管が集まった部分を何という？

❹ 葉でつくられたデンプンなどの栄養分の通り道を何という？

❺ 葉にある気体の出入り口となるすきまを何という？

6 光合成・植物の呼吸

植物の光合成と呼吸の関わりについてまとめよう。
光合成は日中だけ，呼吸は1日中していることに注意してね。

光合成

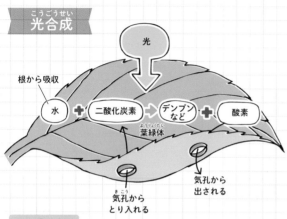

光
根から吸収
水 ＋ 二酸化炭素 → デンプンなど ＋ 酸素
葉緑体
気孔からとり入れる
気孔から出される

植物が光のエネルギーを使って，水と二酸化炭素からデンプンなどの栄養分と酸素をつくり出すはたらきを，何といったかな？

光合成！葉の葉緑体というところで行われるんだよね。

光合成には光が必要か，葉緑体で行われるのかを調べる実験をするよ。アルミニウムはくでおおって日光が当たらなかった部分と，葉緑体のないふの部分はデンプンができていないから，光合成が行われていないことがわかるね。

光合成の実験

①ふ入りの葉を一晩暗いところに置いてデンプンをなくす。

②①の葉の一部をアルミニウムはくでおおい，日光に十分に当てる。

③葉をつみとり，アルミニウムはくをはずして熱湯につけたあと，あたためたエタノールにつけて脱色する。

④水洗いしたあと，ヨウ素液につけて色の変化を調べる。

ふの部分（葉緑体がない）
熱湯
アルミニウムはく
エタノール
熱湯
ヨウ素液
ふの部分
アルミニウムはくでおおった部分

結果

・光・葉緑体あり
→青紫色に変化。
→デンプンができた。

・光なし→変化なし。

・葉緑体なし→変化なし。

光合成は葉緑体で行われている。
光合成には，光が必要。

p.109の check! の答え ❶600倍 ❷植物の細胞 ❸維管束 ❹師管 ❺気孔

植物の呼吸

植物は1日中呼吸している。

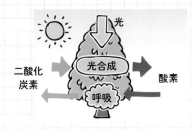

光合成の方がさかん。
→二酸化炭素を吸収して
　酸素を出す。

呼吸だけしている。
→酸素を吸収して
　二酸化炭素を出す。

 植物は呼吸すると思う？

呼吸って，酸素を吸って二酸化炭素を出すんだよね。植物は光合成で二酸化炭素を吸収して酸素を出しているから…，呼吸はしない！

 残念(><)　実は植物も1日中呼吸しているんだ。昼間は，呼吸で出す二酸化炭素より，吸収する二酸化炭素の方が多いから，呼吸していないように見えてしまうんだね。

check! 次の問いに答えよう ♥ ♥ ♥

♥答えはp.112だよ。

1 光合成が葉緑体で行われるのに必要なものは，光と水と何？

2 1 はどこからとり入れる？

3 光合成の実験で，葉をあたためたエタノールにつけるのはなぜ？

4 植物は昼に呼吸する？　しない？

7 消化・動物の呼吸

食べ物は，消化液にふくまれる消化酵素によって分解されて，吸収されやすい物質になるよ。このはたらきが消化だよ。ここではヒトの肺のつくりも見てみよう。

ヒトの消化にかかわる部分

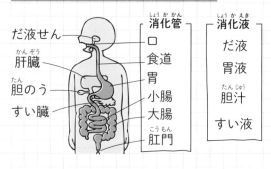

だ液せん
肝臓
胆のう
すい臓

消化管
口
食道
胃
小腸
大腸
肛門

消化液
だ液
胃液
胆汁
すい液

食べ物はいろいろな消化液で消化されるよ。

胆のうってはじめて聞くけど，何をしているの？

胆のうは，肝臓でつくられた胆汁をたくわえているんだよ。

消化のしくみ

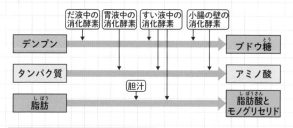

だ液中の消化酵素　胃液中の消化酵素　すい液中の消化酵素　小腸の壁の消化酵素

デンプン → ブドウ糖

タンパク質 → アミノ酸

脂肪 →〔胆汁〕→ 脂肪酸とモノグリセリド

デンプンなどの栄養分は，消化液にふくまれる消化酵素のはたらきで分解されるんだ。

胆汁は消化酵素をふくまないけど，脂肪の消化を助けるんだね。

だ液のはたらきを調べる実験

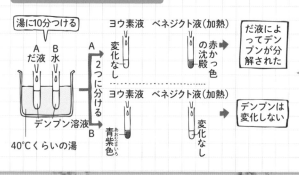

湯に10分つける
A だ液　B 水
2つに分ける
デンプン溶液
40℃くらいの湯

A　ヨウ素液　ベネジクト液（加熱）
変化なし　赤かっ色の沈殿
→ だ液によってデンプンが分解された

B　ヨウ素液　ベネジクト液（加熱）
青紫色　変化なし
→ デンプンは変化しない

左の実験は，デンプン溶液にだ液と水を入れて比べているね。Aはデンプンが分解されてなくなっていて，Bはデンプンが残ったままだね。

だ液には，デンプンを分解して麦芽糖などに変えるはたらきがあるんだ。

p.111の check! の答え ❶二酸化炭素　❷気孔　❸葉の緑色を脱色するため。　❹する。

栄養分の吸収

小腸

<ruby>柔毛<rt>じゅうもう</rt></ruby>

毛細血管
リンパ管 ── ブドウ糖とアミノ酸
脂肪酸と
<u>モノグリセリド</u>

たくさんのひだがある

（再び脂肪に合成
されて吸収される）

消化された栄養分は，小腸の柔毛から吸収されるよ。

柔毛は何のためにあるの？

ひだに多くの柔毛があることで小腸の表面積が大きくなって，栄養分を効率よく吸収できるよ。

ヒトの肺のつくり

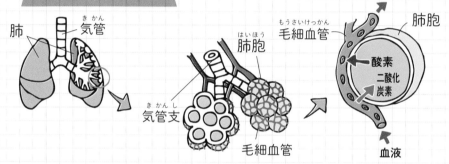

肺

<ruby>気管<rt>きかん</rt></ruby>

<ruby>肺胞<rt>はいほう</rt></ruby>

<ruby>毛細血管<rt>もうさいけっかん</rt></ruby>

肺胞

<ruby>気管支<rt>きかんし</rt></ruby>

毛細血管

酸素
二酸化炭素

血液

肺胞って，ぶどうみたい。

肺胞があることで，肺の表面積が大きくなって，酸素を効率よくとりこむことができるんだよ。

---

check! 次の問いに答えよう ♥ ♥ ♥

答えは p.114 だよ。

1. 肝臓でつくられた胆汁をたくわえているのはどこ？

2. タンパク質は，消化酵素のはたらきで，最終的に何という物質に分解される？

3. 消化された栄養分は，小腸の何という部分から吸収される？

4. 気管支の先につながる，多数の小さな袋を何という？

8 血液循環・排出

からだに必要な酸素や栄養分は，血液で全身の細胞に運ばれるよ。細胞から出された
二酸化炭素や不要な物質は，肺や腎臓から体外に排出されるよ。

心臓のつくり

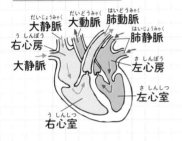

大静脈（だいじょうみゃく）
大動脈（だいどうみゃく）
肺動脈（はいどうみゃく）
右心房（うしんぼう）
肺静脈（はいじょうみゃく）
左心房（さしんぼう）
大静脈
左心室（さしんしつ）
右心室（うしんしつ）

動脈（どうみゃく）
心臓から出ていく
血液が通る血管。

静脈（じょうみゃく）
心臓にもどる血液
が通る血管。

心臓は，血液を全身に
送るポンプの役割をして
いるよ。

心臓は1日に何回くらい
動いているんだろう？

1日に10万回くらい動い
ているよ。眠（ねむ）っている間
も休みなくずっと動いて
いるんだ。

血液の循環（じゅんかん）

肺循環（はいじゅんかん） 心臓 → 肺 → 心臓

⭐POINT!
細胞による呼吸（こきゅう）
全身の細胞では届いた酸素を
使って，栄養分を二酸化炭素
と水に分解して，エネルギー
をとり出しているよ。

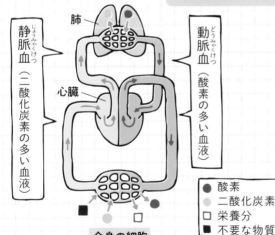

肺

心臓

静脈血（じょうみゃくけつ）
（二酸化炭素の多い血液）

動脈血（どうみゃくけつ）
（酸素の多い血液）

全身の細胞

● 酸素
● 二酸化炭素
□ 栄養分
■ 不要な物質

肺で酸素をとりこんで，
その酸素を全身に運んで
から心臓にもどってくる
んだね。

ところで，細胞も呼吸を
しているんだよ。

え!? そうなの？

肺でする呼吸とはちょっ
とちがうよ。このはたら
きを細胞による呼吸（細
胞呼吸）っていうんだよ。

体循環（たいじゅんかん） 心臓 → 全身 → 心臓

p.113の check! の答え ❶胆のう ❷アミノ酸 ❸柔毛 ❹肺胞

血液の成分

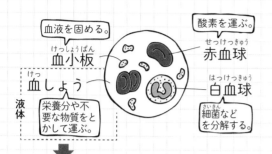

血液を固める。
血小板
けっしょうばん

酸素を運ぶ。
赤血球
せっけっきゅう

血しょう
けつ

液体

栄養分や不要な物質をとかして運ぶ。

白血球
はっけっきゅう

細菌などを分解する。
さいきん

血しょうの一部は，毛細血管からしみ出して
もうさいけっかん
組織液になる。
そしきえき

組織液 …毛細血管と細胞の間で，物質の受けわたしのなかだちをする。

どうして血は赤いの？

赤血球にふくまれているヘモグロビンっていう物質が赤い色をしているから，赤く見えるんだよ。

組織液には，どんなはたらきがあるの？

血液が運んできた酸素や栄養分は，組織液にとけて細胞にわたされるんだ。細胞の活動でできた二酸化炭素や不要な物質は，組織液にとけて毛細血管にとりこまれるんだよ。

排出のしくみ
はいしゅつ

★ POINT!
不要な物質は腎臓でこしとられたあと，尿として排出されるよ。

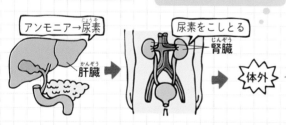

アンモニア→尿素
にょうそ

肝臓
かんぞう

尿素をこしとる

腎臓
じんぞう

体外

腎臓は，からだの中でできた不要なものを，からだの外に出すはたらきをしているよ。このはたらきを排出というよ。

---

check!

次の問いに答えよう ♥ ♥ ♥

♥答えはp.116だよ。

1. 心臓から出ていく血液が通る血管を何という？

2. 酸素を多くふくむ血液を何という？

3. 赤血球のはたらきは何？

4. 細胞のはたらきでできる有害なアンモニアを，害の少ない尿素に変える器官はどこ？

9 刺激と反応

目や耳など，外界からの刺激を受けとる器官を感覚器官というよ。
感覚器官で受けとった刺激は，神経を通って脳に伝えられるよ。

うでの曲げのばしと筋肉

曲げるとき

うでを曲げる筋肉
縮む
けん
けん
うでをのばす
筋肉
関節
ゆるむ

のばすとき

うでを曲げる筋肉
ゆるむ
うでをのばす筋肉
縮む

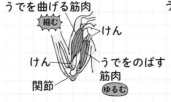

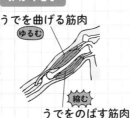

からだが動くところのつくりは，どうなっているの？

からだは関節の部分で動かすことができるよ。骨のまわりに筋肉があって，筋肉の両端は骨についているんだ。この筋肉が縮んだりゆるんだりすることで，関節の部分で動かすことができるんだよ。

目のつくり

角膜
神経（脳へ）
ひとみ
目に入る光の量を調節する。
虹彩
水晶体（レンズ）
網膜
光の刺激を受けとる。
光を屈折させ，網膜上に像を結ぶ。

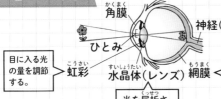

目では，物体からの光が水晶体で屈折して，網膜上に像ができるんだ。この光の刺激が神経を通って脳に伝わって，ものが見えるんだよ。

目って複雑(>_<)

耳のつくり

音によって振動する。
鼓膜の振動をうずまき管に伝える。
鼓膜
耳小骨
うずまき管
音
（空気の振動）
振動を刺激として受けとる。
神経（脳へ）

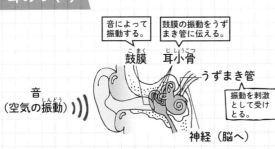

感覚器官には，目や耳のほかに，鼻や舌，皮膚などがあるよ。

鼻…においの刺激を受けとる。
舌…味の刺激を受けとる。
皮膚…温度，痛み，さわられたなどの刺激を受けとる。

p.115の check! の答え ❶動脈 ❷動脈血 ❸酸素を運ぶ。 ❹肝臓

意識して起こす反応

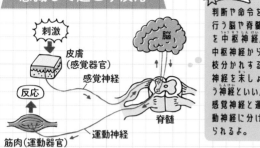

刺激
皮膚（感覚器官）
感覚神経
反応
脳
脊髄
筋肉（運動器官）
運動神経

「暑かったので上着をぬいだ」っていう反応はどうやって起こるの？

感覚器官で温度の刺激を受けとると，信号が感覚神経を通って脊髄から脳へ伝わるよ。脳は暑いと判断し，「上着をぬぐ」という命令の信号を出して，信号が脊髄から運動神経を通って運動器官に伝わるんだ。

> **POINT!**
> 判断や命令を行う脳や脊髄を中枢神経，中枢神経から枝分かれする神経を末しょう神経といい，感覚神経と運動神経に分けられるよ。

$$刺激 → 感覚器官（かんかくきかん） → 感覚神経（かんかくしんけい） → 脊髄（せきずい） → 脳$$
$$→ 脊髄 → 運動神経（うんどうしんけい） → 運動器官（うんどうきかん） → 反応$$

反射（はんしゃ）

反射…無意識に起こる反応。

例 熱いものに手がふれたとき

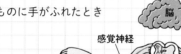
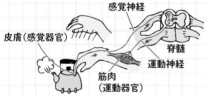

脳
感覚神経
皮膚（感覚器官）
脊髄
運動神経
筋肉（運動器官）

あれ!? さっきと，伝わり方がちがうね。

信号が伝わる経路が短いから，すぐに反応が起こるんだ。
反射は，危険からからだを守るのに役立っているよ。

$$刺激 → 感覚器官 → 感覚神経 → 脊髄$$
$$→ 運動神経 → 運動器官 → 反応$$

---

check!　次の問いに答えよう ♥ ♥ ♥　　　　　▶ 答えはp.118だよ。

1 うでを曲げるときに縮む筋肉は，うでを曲げる筋肉？　うでをのばす筋肉？

2 外界からの刺激を受けとる器官を何という？

3 感覚器官で受けとった刺激を脳や脊髄に伝える神経を何という？

4 刺激に対して無意識に起こる反応を何という？

117

回路の電流・電圧

直列回路と並列回路では，電流の流れ方や電圧の加わり方がちがうよ。
回路を流れる電流は，途中でふえたり減ったりしないよ。

直列回路と並列回路

直列回路

並列回路

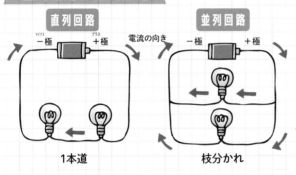

電流の向き

－極　＋極　　　　－極　＋極

1本道　　　　　　枝分かれ

電気用図記号

電源	長い方 が＋極	─┤├─	抵抗器（電熱線）	─▭─
電球		─⊗─	電流計	─Ⓐ─
スイッチ		─╱─	電圧計	─Ⓥ─

電流が流れる道すじのことを，回路っていうよ。

電流が流れる向きは決まってるの？

電流は電池の＋極から出て，－極に向かって流れると決められているよ。

左の回路を回路図で表すと，こうなるよ。

回路に流れる電流

直列回路の電流

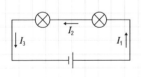

$$I_1 = I_2 = I_3$$

どこでも同じ大きさ

並列回路の電流

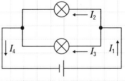

$$I_1 = I_2 + I_3 = I_4$$

枝分かれ前と，枝分かれ後の和が等しい

電流は，水の流れをイメージしてみよう。

直列回路を1本の川とすると，水の量はどこでも同じだね。

並列回路は川が途中で枝分かれして，また合流するのと同じだよ。

枝分かれ前と，合流後の水の量は同じだね。

p.117の check! の答え ❶うでを曲げる筋肉 ❷感覚器官 ❸感覚神経 ❹反射

回路に加わる電圧

直列回路の電圧

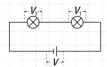

$$V=V_1+V_2$$

各部分の電圧の和は，電源の電圧の大きさに等しい

並列回路の電圧

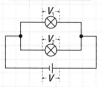

$$V=V_1=V_2$$

どの部分でも同じ大きさ

「電圧は電流を流そうとするはたらきの大きさ」って聞いたけど，よくわからないーっつ。

水は高いところから低いところに流れるよね。電流も高いところから低いところへ流れると考えるといいよ。この高さの差が電圧だよ。

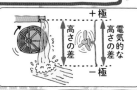

電流の求め方

I_1, I_2 の大きさを求めるよ。

電流の大きさはどこでも同じだから，
$$I_1=0.4A$$

枝分かれ前と，枝分かれ後の和が等しいから，
$$I_2=0.5A-0.2A$$
$$=0.3A$$

電圧の求め方

V_1, V_2 の大きさを求めるよ。

各部分の電圧の和は，電源の電圧の大きさに等しいから，
$$V_1=4V-3V$$
$$=1V$$

どの部分でも同じ大きさだから，
$$V_2=6V$$

電流と電圧の求め方はわかった？

直列回路は電流が，並列回路は電圧がどこでも同じ，って覚えておけばいいね。

---

check! 次の問いに答えよう ♥ ♥ ♥

答えはp.120だよ。

1 1本の道すじでつながっている回路を何という？

2 次の電流 I と電圧 V を求めよう。

(1)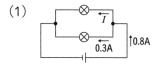

(2)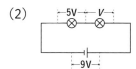

回路の抵抗

電熱線を流れる電流の大きさは，電熱線の両端に加わる電圧の大きさに比例するよ。
このことを，オームの法則というよ。

オームの法則

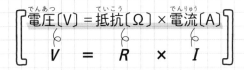

$$電圧〔V〕＝抵抗〔Ω〕×電流〔A〕$$
$$V ＝ R × I$$

変形式　$R=\dfrac{V}{I}$ ， $I=\dfrac{V}{R}$

 （電気抵抗） 電流の流れにくさ。

単位はオーム（Ω）

電熱線

電流の単位はV，抵抗の単位はΩ，電流の単位はAにそろえて計算するよ。

図にすると覚えやすいね。

←求めたいものを指でかくすと式になるよ。

抵抗って何？電流の流れにくさって？よくわからないよ～。

導線を道路，電流を車で考えてみよう。途中に電熱線をつなぐと，その部分は道幅がせまくなって車が通りにくくなるんだ。この電熱線が抵抗だよ。

オームの法則の利用

電圧Vの求め方

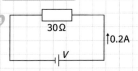
30Ω
↑0.2A
V

抵抗30Ω，電流0.2Aのとき，
$V = 30Ω × 0.2A$
$　= 6V$

抵抗Rの求め方

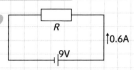
R
↑0.6A
9V

電圧9V，電流0.6Aのとき，
$R = \dfrac{9V}{0.6A} = 15Ω$

電流Iの求め方

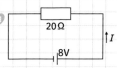
20Ω
↑I
8V

抵抗20Ω，電圧8Vのとき，
$I = \dfrac{8V}{20Ω} = 0.4A$

ひゃー，計算問題だ！むずかしそぅー(>＜)

わかっているものを，オームの法則の式にあてはめれば求められるよ。

p.119の check! の答え ①直列回路 ②(1) $I=0.5A$ （$I=0.8A-0.3A=0.5A$） (2) $V=4V$ （$V=9V-5V=4V$）

直列回路の抵抗

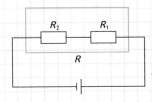

$$R = R_1 + R_2$$

全体の抵抗は，それぞれの抵抗の和になる。

直列回路は1本道だったね。抵抗が1個から2個にふえるということは，道のせまい部分が長くなるってことだよ。

電流は，より流れにくくなるね。

例 $R_1 = 20\,\Omega$，$R_2 = 30\,\Omega$ のときの全体の抵抗 R は？
→$R = R_1 + R_2 = 20\,\Omega + 30\,\Omega = 50\,\Omega$

全体の抵抗は，それぞれの抵抗をたした大きさになるんだ。

並列回路の抵抗

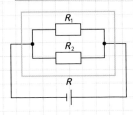

$$\frac{1}{R} = \frac{1}{R_1} + \frac{1}{R_2}$$

全体の抵抗は，それぞれの抵抗より小さくなる。
$$R < R_1,\quad R < R_2$$

並列回路は道が枝分かれしたね。抵抗が1個から2個にふえると，電流の通り道は1本から2本にふえるよ。

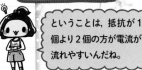

ということは，抵抗が1個より2個の方が電流が流れやすいんだね。

例 $R_1 = 30\,\Omega$，$R_2 = 15\,\Omega$ のときの全体の抵抗 R は？
→$\dfrac{1}{R} = \dfrac{1}{R_1} + \dfrac{1}{R_2} = \dfrac{1}{30} + \dfrac{1}{15} = \dfrac{3}{30} = \dfrac{1}{10}$ より，$R = 10\,\Omega$

全体の抵抗の逆数は，それぞれの抵抗の逆数をたした大きさになるんだ。

う〜ん。頑張って覚える。

---

check! 次の問いに答えよう ♥ ♥ ♥

♥ 答えはp.122だよ。

1 電流の流れにくさのことを何という？

2 電圧を V〔V〕，電流を I〔A〕，抵抗を R〔Ω〕として，オームの法則を $V = \sim$ の式に表そう。

3 30Ωと40Ωの抵抗を直列につなぐと，全体の抵抗は何Ωになる？

4 10Ωの抵抗2つを並列につなぐと，全体の抵抗の大きさは10Ωよりどうなる？

12 電力と電力量

電流がもつ，熱や光，音を出したり，ものを動かしたりする能力を電気エネルギーというよ。電気器具が1秒間に消費する電気エネルギーは，電力というよ。

電力

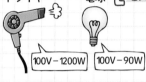

ドライヤー　電球

$$電力〔W〕=電圧〔V〕×電流〔A〕$$

例 100Vの電圧を加えたとき，0.6Aの電流が流れる電球の電力は何W？
→電力=100V×0.6A=60W

100V-1200W　100V-90W

「100V-1200W」は，100Vの電圧で使ったときに1200Wの電力を消費することを表しているんだ。

左のドライヤーを100Vの電圧で使うと，何Aの電流が流れるかな？

全体の消費電力

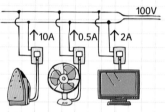
100V
↑10A　↑0.5A　↑2A

例 全体の消費電力は何W？
→100V×10A+100V×0.5A+100V×2A=1250W

え〜っと，変形した式を使って，電流=1200W÷100V=12Aだね！

家庭の配線はすべて並列につながっていて，どの電気器具にも同じ電圧が加わるよ。

電熱線の発熱量

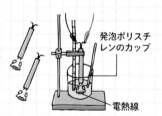
発泡ポリスチレンのカップ
電熱線

時間と水の上昇温度の関係

電力が9Wの場合
水の上昇温度〔℃〕
時間〔分〕

電力と水の上昇温度の関係
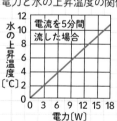
電流を5分間流した場合
水の上昇温度〔℃〕
電力〔W〕

上の2つのグラフを見ると，電熱線から発生する熱量は，電流を流した時間と電熱線の電力に比例しているね。

発熱量は，次の式で表すことができるよ。　熱量〔J〕=電力〔W〕×時間〔s〕

p.121の check! の答え ❶抵抗（電気抵抗）❷V=R×I ❸70Ω（30Ω+40Ω=70Ω）❹小さくなる。

電力量

$$電力量〔J〕=電力〔W〕×時間〔s〕$$
$$電力量〔Wh〕=電力〔W〕×時間〔h〕$$

例 50Wのノートパソコンを1時間使ったとき
に消費する電力量をJとWhで表すと？
→50W×3600s＝180000J
　50W×1h＝50Wh

電気エネルギーの量は
電力量で表せるよ。電
力量はジュール（J）のほ
かに，ワット時（Wh）や
キロワット時（kWh）で表
すこともあるよ。

kWhは，電気料金の請
求書で見たことあるな。

日常ではWhやkWhが
使われることが多いね。

直流と交流

直流	交流
向きが一定。	向きが周期的に変わる。

電流 0 ／ 時間
電流 0 ／ 時間

乾電池の電流は同じ向
きに流れたけど，コン
セントからとり出した
電流は向きが変わった
よ。

乾電池の電流のように
一定の向きに流れる電
流を直流，向きが周期
的に変わる電流を交流
っていうんだ。

---

check! 　次の問いに答えよう ♥ ♥ ♥ 　　　　♥答えはp.124だよ。

1 1秒間に消費する電気エネルギーを何という？

2 100Vの電圧を加えたとき，0.4Aの電流が流れる電球の電力は何W？

3 200Wのミキサーを30秒間使ったときの電力量は何J？

4 向きが周期的に変わる電流を何という？

13 電流のまわりの磁界

磁石の力を磁力といい，磁力がはたらく空間を磁界というよ。
磁界は磁石だけでなく，電流によってもできるよ。

磁石のまわりの磁界

磁針のN極が指す向き
…磁界の向き

磁界の向きを
つないだ線…磁力線

N極

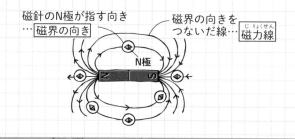

棒磁石のまわりに磁針を置いたとき，磁針のN極が指す向きが磁界の向きだよ。

磁石のN極から出てS極に入る向きになっているね。

磁力線の間隔がせまいところほど磁界が強いよ。極の近くは磁界が強いね。

導線のまわりの磁界

右ねじ

導線

| 電流の向き | = | ねじの進む向き |

| 磁界の向き | = | 回す向き |

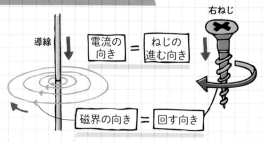

導線に電流を流すと，導線のまわりにも磁界ができるんだよ。

磁界の向きや強さはどうなるの？

磁界の向きは電流の流れる向きで決まるよ。磁界の強さは導線に近いほど強いし，電流が大きいほど強くなるよ。

コイルがつくる磁界

磁界の向き

コイルの内側の磁界の向き

電流の向き

右手

電流の向き

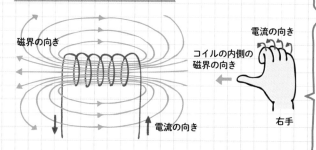

コイルに電流を流したときにコイルの内側にできる磁界の向きは，右手の4本の指で電流の向きに合わせてコイルをにぎったときの親指の向きと同じになるよ。

p.123の check! の答え ❶電力（消費電力） ❷40W ❸6000J ❹交流

コイルの磁界を強くする方法

①電流を大きくする。
②コイルの巻数をふやす。
③コイルに鉄しんを入れる。

コイルの中に鉄しんを入れて電流を流すと，磁界はすごく強くなるよ。

鉄しん

電流が磁界から受ける力

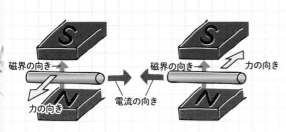

磁界の向き　力の向き
電流の向き
力の向き　磁界の向き

①電流の向きを逆にする
　→力の向きは逆になる
②磁界の向きを逆にする
　→力の向きは逆になる
③電流や磁界を強くする
　→力は大きくなる

「電流が磁界から受ける力」は電流と磁界の向きによって決まるんだ。左手の指を右の図のようにすると，わかるんだよ。

すごーい！
中指から順に「電・磁・力」なんだね。

発展 フレミングの左手の法則

磁界の向き
電流の向き
力の向き

答えはp.126だよ。

check！ 次の問いに答えよう ♥ ♥ ♥

1 磁界の向きは，磁針の何極が指す向き？

2 図のような装置に電流を流したとき，導線はAの向きに動いた。

電流の向き

（1）　電流の向きを右図の逆にすると，導線はA，Bのどちらに動く？

（2）　電流の向きと磁界の向きを右図の逆にすると，導線はA，Bのどちらに動く？

14 電磁誘導・静電気

コイルの中の磁界が変化してコイルに電流が流れる現象を電磁誘導というよ。
誘導電流の向きは，磁石の極と動かす向きによって変わるよ。

電磁誘導

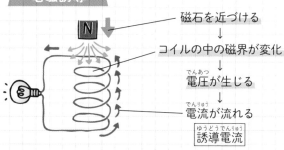

磁石を近づける
↓
コイルの中の磁界が変化
↓
電圧が生じる
↓
電流が流れる
誘導電流

コイルに磁石を出し入れすると，コイルの中の磁界が変化して，コイルに電圧が生じるんだ。この現象を電磁誘導，流れる電流を誘導電流というよ。

コイルと磁石で電流を発生させることができるんだね。

発電機は，電磁誘導を利用して電流を発生させているんだよ。

誘導電流の大きさ

①磁石を速く動かすほど大きくなる。
②磁力の強い磁石ほど大きくなる。
③コイルの巻数を多くするほど大きくなる。

コイルの中の磁界の変化が大きいほど，誘導電流は大きくなるんだ。

磁界の変化と誘導電流の向き

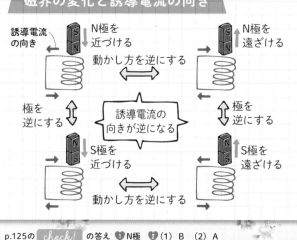

誘導電流の向き

N極を近づける

動かし方を逆にする

N極を遠ざける

極を逆にする

誘導電流の向きが逆になる

極を逆にする

S極を近づける

動かし方を逆にする

S極を遠ざける

コイルに磁石を近づけるときと遠ざけるときでは，誘導電流の向きが逆になるね。

磁石の極を逆にしても，誘導電流の向きは逆になるよ。

磁石の動きを止めたときはどうなるの？

磁石を動かさないとコイルの中の磁界は変化しないから，誘導電流は流れないよ。

p.125の check! の答え ❶N極 ❷(1) B (2) A

静電気

静電気 摩擦によって，物体にたまった電気。

摩擦する前

A B

AとBを摩擦する。

摩擦したあと

A B

＋の電気を帯びている

－の電気を帯びている

同じ量の＋，－（プラス マイナス）が打ち消し合っている。

－の電気を帯びた粒子（りゅうし）が一方の物体に移動する。

同じ種類の電気はしりぞけ合って，ちがう種類の電気は引き合うんだよ。

磁石の性質と似ているね。

電流の正体

電圧を加えないとき

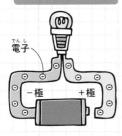

電子（でんし）

－極　　＋極

電子は移動しない。
↓
電流は流れない。

電圧を加えたとき

電子が移動する向き

電流の向き

電子が－極から＋極へ移動する。
↓
電流が流れる。

電子は－の電気をもった小さな粒（つぶ）だよ。電子が電源の－極から＋極へ向かって移動すると，電流が流れるんだ。

あれ？ 電流は＋極から－極へ流れたよね？ 電子が移動する向きと電流の向きは逆なの？

実は，電子が発見される前に電流の向きが決められちゃったんだ。それで，電流の向きと電子が移動する向きが逆になってしまったんだよ。

---

check! 次の問いに答えよう ♥ ♥ ♥ ♥

♥ 答えはp.128だよ。

1. 電磁誘導で流れる電流を何という？

2. 磁石を速く動かすと，誘導電流の大きさはどうなる？

3. 磁石のN極をコイルに近づけるときと，コイルから遠ざけるときで，誘導電流の向きはどうなる？

4. 摩擦によって物体にたまる電気を何という？

5. 電圧を加えたとき，電子が移動する向きは何極から何極？

15 圧力・大気圧, 気象観測

ふだんあまり意識しないけれど, 地球上の物体には, 上空にある空気による力が加わっているよ。空気にも, 重さがあるからだね。

圧力

一定の面積あたりを垂直に押す力。

単位は, パスカル(Pa), または,

ニュートン毎平方メートル(N/m²)

$$圧力〔Pa〕= \frac{力の大きさ〔N〕}{力がはたらく面積〔m^2〕}$$

$$1Pa = 1N/m^2$$

★加える力の大きさが同じとき,

面積が大→圧力は小　　面積が小→圧力は大

> スポンジに力を加えたとき, 力が同じでも, ふれ合う面積がちがうとスポンジのへこみ方もちがうね。

> 面積が大きいとあまりへこまないし, 小さければすごくへこむよ。

> こういうときは,たとえば1m²あたりにかかる力の大きさを考えるんだ。

> 力の大きさを面積で割ればいいんだね。

大気圧 (気圧)

空気の重さによって生じる圧力。単位は, ヘクトパスカル(hPa)

1 気圧 = 約1013 hPa
　　　 = 約101300 Pa

例 ストローでジュースを飲む。

大気圧

圧力小

> ストローでジュースが飲めるのは, ストローの中の気圧が小さくなって, ジュースの表面を大気が押すからなんだよ。

> ストローの中の空気を吸うことによって, ストロー内の気圧を小さくしているのね。

★POINT!
缶の中の空気をぬくと, 大気圧により, 缶が押されてつぶれる。
→大気圧はあらゆる方向からはたらくよ。

> ところで, 海面の高さの大気圧は約1013hPaで, これを1気圧というよ。覚えておいてね。

p.127の check! の答え ❶誘導電流 ❷大きくなる。 ❸逆になる。 ❹静電気 ❺−極から＋極

気象観測

気象要素 雲量，気温，湿度，気圧，風向・風速・風力，雨量など。

雲量 空全体を10としたときの雲が占める割合。

雲量	0〜1	2〜8	9〜10
天気	快晴	晴れ	くもり

気温 温度計で，地上から約1.5 mの高さではかる。

乾球の示度19℃　乾球　湿球　示度の差3.0℃

湿度 乾湿計と湿度表で求める。
→乾球の示度と乾球と湿球の示度の差が交わったところが湿度。

乾球〔℃〕	乾球と湿球の示度の差〔℃〕		
	3.0	3.5	4.0
20	73	68	64
19	72	67	63
18	71	66	62

風向・風速・風力 風向は風のふいてくる方向を16方位で表す。風の強さは風速（単位はm/s）や，風力（13階級）で表す。

気圧 気圧計ではかる。

気象要素は，天気予報に欠かせないものだよ。

天気って，雲の量で決めるんだね。

そうだね。空全体が見わたせる場所で調べるんだ。天気の記号には次のようなものがあるよ。

記号	○	◐	◎	●	⊗
天気	快晴	晴れ	くもり	雨	雪

ねえ，これはどんな天気を表しているの？

北

天気はくもり，北東の風，風力4だね。

答えはp.130だよ。

---

check! 次の問いに答えよう ♥ ♥ ♥

1. 物体が一定の面積あたりを垂直に押す力を何という？

2. 1の力のうち，空気の重さによるものを何という？

3. 空全体を10としたときの雲の量が占める割合を何という？

4. 気温は，地上から約何mの高さではかる？

16

前線と天気の変化

寒冷前線と温暖前線では，前線が通過するときの天気のようすがちがうよ。
それぞれの前線が通過したあとの，気温の変化にも着目してね。

気圧と風

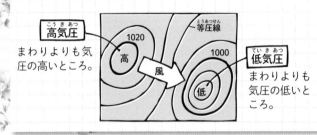

高気圧
まわりよりも気圧の高いところ。

等圧線

1020

高

1000

低気圧
まわりよりも気圧の低いところ。

低

風

風ってどこに向かってふくの?

風は気圧の高いところから低いところへ向かってふくよ。等圧線の間隔がせまいところほど気圧の差が大きいから，強い風がふくんだ。

高気圧と低気圧

高気圧

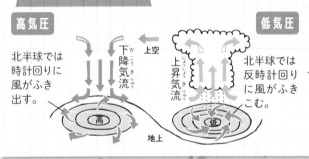

北半球では時計回りに風がふき出す。

上空
下降気流

地上
高

低気圧

上昇気流

北半球では反時計回りに風がふきこむ。

低

高気圧や低気圧って天気と関係があるの?

高気圧では雲ができにくいから，晴れることが多いよ。低気圧では雲ができやすいから，くもりや雨になることが多いんだ。

気団と前線

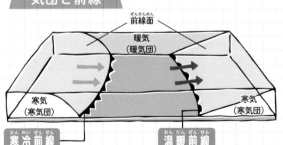

前線面

暖気
(暖気団)

寒気
(寒気団)

寒気
(寒気団)

寒冷前線
寒気が暖気の下にもぐりこみ，暖気を押し上げながら進む。

温暖前線
暖気が寒気の上にはい上がり，寒気を押して進む。

日本付近では，低気圧の進む方向の前方に温暖前線，後方に寒冷前線ができることが多いよ。このような低気圧を温帯低気圧っていうんだ。

温帯低気圧

低

p.129の check! の答え ❶圧力 ❷大気圧（気圧） ❸雲量 ❹約1.5m

前線の記号

温暖前線	寒冷前線	停滞前線	閉塞前線
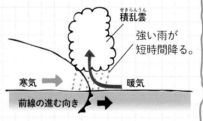			

記号の●や▲は，前線の進む方向にかくよ。

寒冷前線付近では，暖気が空高くに押し上げられて，積乱雲が発達するよ。

寒冷前線と天気の変化

通過後
・気温が下がる。
・北寄りの風がふく。

積乱雲
強い雨が短時間降る。

寒気　暖気

前線の進む向き

寒冷前線が通過するときは，激しい雨が短い時間降るんだね。

通過後は風は北寄りに変わって，地表は寒気におおわれるから，気温が急に下がるんだ。

温暖前線付近では，暖気がゆるやかに上昇するから，乱層雲や高層雲などの雲が広い範囲にわたってできるよ。

温暖前線と天気の変化

通過後
・気温が上がる。
・南寄りの風がふく。

乱層雲

暖気　寒気

前線の進む向き　おだやかな雨が長時間降る。

温暖前線が近づいてくると，弱い雨が長い時間降るんだね。

通過後は地表は暖気でおおわれるから気温が上がって，南寄りの風がふくようになるよ。

---

check! 次の問いに答えよう ♥ ♥ ♥

♥答えはp.132だよ。

1 中心付近で上昇気流が生じるのは，高気圧と低気圧のどちら？

2 地上付近で風が時計回りにふき出しているのは，高気圧と低気圧のどちら？

3 寒気が暖気を押し上げながら進む前線を何という？

4 寒冷前線が通過したあと，気温はどうなる？

131

17 大気の動きと日本の天気

日本付近の天気は，3つの気団の影響を受けているよ。それぞれちがう性質をもっていて，季節によって勢力が強まったり弱まったりするよ。

日本のまわりの3つの気団

シベリア気団
冷たく，乾燥している。　冬

オホーツク海気団
冷たく，しめっている。
夏の前とあと

夏

小笠原気団
あたたかく，しめっている。

気温や湿度が一様な空気のかたまりを気団といったね。気団は高気圧にできるんだよ。

高気圧からは風がふき出していたね。

シベリア気団からふき出す風が冬の季節風，小笠原気団からふき出す風が夏の季節風になるんだよ。

冬の天気

03日09時

・シベリア気団が発達
・西高東低の気圧配置
・北西の季節風
・日本海側では雪が降り，太平洋側では乾燥した晴れの日が続く。

冬は発達したシベリア気団から，冷たく乾燥した北西の季節風がふくよ。

乾燥した風なのに，日本海側では雪が降るの？

季節風が日本海を通るときに，水蒸気をたくさんふくむからだよ。

夏の天気

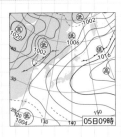
05日09時

・小笠原気団が発達
・南側に高気圧，北側に低気圧がある。
・南東の季節風
・蒸し暑い晴れの日が続く。

夏から秋にかけては台風がやってくるね。台風は，熱帯低気圧が発達したものだよ。南の海上で発生して，日本に接近してくるよ。

p.131の check! の答え　❶低気圧　❷高気圧　❸寒冷前線　❹（急に）下がる。

春や秋の天気

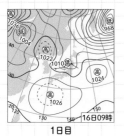
1日目

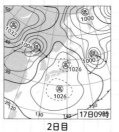
2日目

・移動性高気圧と低気圧が，西から東へ交互に通過する。
・天気は周期的に変化する。

春と秋によく見られる移動する高気圧を，移動性高気圧というよ。

移動性高気圧や低気圧は，どうして西から東へ移動するの？

日本の上空には偏西風っていう西寄りの強い風が1年中ふいていて，この偏西風に流されるから，西から東へ移動するんだよ。

梅雨（つゆ）の天気

・オホーツク海気団と小笠原気団がぶつかり合って，停滞前線（梅雨前線）ができる。
・雨の多いぐずついた天気が続く。

6〜7月ごろの，雨やくもりが続く時期を，梅雨（つゆ）というね。
冷たいオホーツク海気団とあたたかい小笠原気団の強さがほぼ同じになるから，停滞前線ができるんだ。

梅雨にできる停滞前線は梅雨前線，夏の終わりにできる停滞前線は秋雨前線でしょ。天気予報で聞いたことあるよ。

---

check! 次の問いに答えよう ♥ ♥ ♥

♥ 答えはp.134だよ。

❶ 冬に特徴的な気圧配置は？

❷ 夏に発達する気団を何という？

❸ 春と秋によく見られる，移動する高気圧を何という？

❹ 梅雨の時期にできる停滞前線を何という？

18 雲のでき方

雲は，とても小さな水滴や氷の粒が集まってできているよ。
この水滴や氷の粒が大きくなって落ちてきたものが雨や雪だよ。

露点（ろてん）

露点
水蒸気が水滴に変わるときの温度。

凝結（ぎょうけつ）
水蒸気（気体）が水滴（液体）に変わること。

わーい♥冷たいジュース‼
あれ？　コップの表面に水滴がついているよ⁉

コップについた水滴は，空気中の水蒸気が冷えて水滴に変わったものなんだよ。

飽和水蒸気量（ほうわすいじょうきりょう）

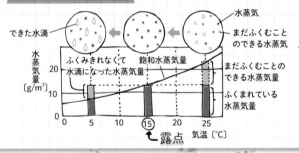

水蒸気
まだふくむことのできる水蒸気

できた水滴

ふくみきれなくて水滴になった水蒸気
飽和水蒸気量
まだふくむことのできる水蒸気量
ふくまれている水蒸気

水蒸気量〔g/m³〕
20
10
0　5　10　15　20　25　気温〔℃〕
↑露点

空気1m³にふくむことのできる水蒸気の最大量を飽和水蒸気量というよ。

飽和水蒸気量は気温が高いほど大きいんだ。気温が下がると飽和水蒸気量が小さくなるから，ふくみきれなくなった分の水蒸気が水滴に変わるんだよ。

湿度（しつど）

$$湿度〔％〕 = \frac{空気1m^3中にふくまれている水蒸気量〔g/m^3〕}{その気温での飽和水蒸気量〔g/m^3〕} × 100$$

例　空気1m³中にふくまれている水蒸気量が10gで，その気温での飽和水蒸気量が25g/m³のときの湿度は何％？

➡湿度（％）は，$\frac{10g/m^3}{25g/m^3} × 100 = 40$　より，40％

洗濯物（せんたくもの）がよく乾（かわ）くのは，湿度が高いとき？　低いとき？

低いとき！

そうだね。湿度が低いときは，空気はまだ水蒸気をたくさんふくめるから，洗濯物の水分がどんどん蒸発するね。

p.133の check! の答え ❶西高東低　❷小笠原気団　❸移動性高気圧　❹梅雨前線

雲のでき方

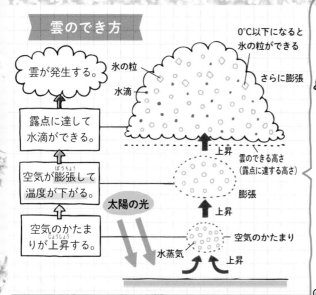

雲が発生する。

露点に達して水滴ができる。

空気が膨張して温度が下がる。

空気のかたまりが上昇する。

氷の粒
水滴
0℃以下になると氷の粒ができる
さらに膨張
上昇
雲のできる高さ（露点に達する高さ）
膨張
上昇
太陽の光
空気のかたまり
水蒸気
上昇

雲はどんなところでできると思う？

低気圧の中心や前線付近で雲ができやすかったから…，空気が上昇するところ？

そのとおり。空気が上昇すると，気圧が低くなるから膨張して温度が下がるんだ。すると空気中の水蒸気が水滴や氷の粒に変わって雲ができるんだよ。

水滴や氷の粒がくっついて大きくなると，雨や雪になって落ちてくるんだ！

上昇気流のでき方

①地面が熱せられたとき

②空気が山の斜面に沿って上がるとき

③あたたかい空気と冷たい空気がぶつかったとき

あたたかい空気
冷たい空気

太陽の光で地面が熱せられると，地表付近の空気があたためられて上昇して，上昇気流ができるんだね。

夏によく見られる入道雲は，強い日差しで地面が熱せられることで，地表付近の空気がすごい勢いで上昇してできるんだよ。

check! 次の問いに答えよう ♥ ♥ ♥

♥答えはp.136だよ。

1 空気中の水蒸気が水滴に変わるときの温度を何という？

2 空気1m³中にふくむことのできる水蒸気の最大量を何という？

3 雲ができるのは，上昇気流と下降気流のどちら？

第1章　化学変化と原子・分子　♥復習 p.100-107♥

★ 次の❶〜⓫の問いに答えなさい。

□❶ 物質をつくっている最小の粒子を何といいますか。　[　　　　]

□❷ いくつかの原子が結びついた粒子を何といいますか。　[　　　　]

□❸ 原子の種類を何といいますか。　[　　　　]

□❹ 1種類の元素だけでできている物質を何といいますか。　[　　　　]

□❺ 2種類以上の元素でできている物質を何といいますか。　[　　　　]

□❻ 1種類の物質が2種類以上の物質に分かれる化学変化を何といいますか。

[　　　　]

□❼ 物質が酸素と結びつく化学変化を何といいますか。　[　　　　]

□❽ 酸化物が酸素をうばわれる化学変化を何といいますか。　[　　　　]

□❾ 化学変化の前後で，物質全体の質量が変化しないことを，何の法則といいますか。

[　　　　]

□❿ 化学変化のときに熱を発生する反応を何といいますか。　[　　　　]

□⓫ 化学変化のときに熱を吸収する反応を何といいますか。　[　　　　]

★ 次の⓬〜⓯の化学反応式を完成させなさい。

□⓬ 水を電気分解すると，水素と酸素が発生する。

$2H_2O \longrightarrow$ [　　　　] $+ \ O_2$

□⓭ 鉄と硫黄の混合物を加熱すると，硫化鉄ができる。

$Fe \ + \ S \longrightarrow$ [　　　　]

□⓮ マグネシウムが燃焼すると，酸化マグネシウムができる。

$2Mg \ +$ [　　　　] $\longrightarrow \ 2MgO$

□⓯ 酸化銅と炭素の混合物を加熱すると，銅と二酸化炭素ができる。

$2CuO \ + \ C \longrightarrow$ [　　　　] $+$ [　　　　]

★ 銅粉2.0gを十分に加熱すると，酸化銅2.5gが得られます。

□⓰ 銅粉2.0gと結びつく酸素は何gですか。　[　　　　]

□⓱ 銅と酸素が結びつくときの質量の比（銅：酸素）を，最も簡単な整数の比で表しなさい。　[　　　　]

□⓲ 空気中で銅粉3.6gを十分に加熱すると，酸化銅は何g得られますか。[　　　　]

第2章　生物のからだのつくりとはたらき　復習 p.108-117

★　次の❶〜❿の問いに答えなさい。

□ ❶ 植物の細胞に特徴的なつくりは液胞と何ですか。2つ答えなさい。
　　　　　　　　　　　　　　　　　　　　　　　[　　　　　] [　　　　　]

□ ❷ からだが1つの細胞でできている生物を何といいますか。　　[　　　　　]

□ ❸ 消化液にふくまれる，特定の栄養分だけを分解するはたらきをもつ物質を何といいますか。
　　　　　　　　　　　　　　　　　　　　　　　　　　　　　　[　　　　　]

□ ❹ ヒトの肺で，気管支の先についている小さな袋状のつくりを何といいますか。
　　　　　　　　　　　　　　　　　　　　　　　　　　　　　　[　　　　　]

□ ❺ 心臓から出ていく血液が流れる血管を何といいますか。　　　[　　　　　]

□ ❻ 血液にふくまれる液体の成分を何といいますか。　　　　　　[　　　　　]

□ ❼ 血液中の尿素をこしとる器官は何ですか。　　　　　　　　　[　　　　　]

□ ❽ 目のつくりで，目に入る光の量を調節する部分を何といいますか。[　　　　　]

□ ❾ 脳や脊髄からの命令の信号を筋肉に伝える神経を何といいますか。[　　　　　]

□ ❿ 外界からの刺激に対して無意識に起こる反応を何といいますか。[　　　　　]

★　右の図はある植物の茎の断面を表しています。

□ ⓫ 図で，アは根から吸収した水が通る [　　　　　]，イ
　　は葉でつくられた栄養分が通る [　　　　　] である。

□ ⓬ 図で，ア，イの管が集まって束のようになったウの部分
　　を [　　　　　] という。

□ ⓭ 葉にある気体の出入り口となるすきまを
　　[　　　　　] という。

茎の断面

□ ⓮ 植物が，光のエネルギーを使ってデンプンなどの栄養分をつくるはたらきを
　　[　　　　　] という。このとき（**ア** 酸素　**イ** 二酸化炭素）もできる。

□ ⓯ ⓮が行われるのは，植物の細胞の中の [　　　　　] である。

□ ⓰ 植物は，（**ア** 夜だけ　**イ** 1日中）呼吸している。

★　右の図は，消化にかかわるヒトのある器
　　官を表しています。

ひだ

X — 毛細血管
　　— リンパ管

□ ⓱ 図は，何という器官を表していますか。
　　　　　　　　[　　　　　]

□ ⓲ ひだの表面に見られる，Xの小さな突起を何といいますか。[　　　　　]

□ ⓳ 吸収されたあと，毛細血管に入る栄養分を，次の**ア**〜**エ**からすべて選びなさい。
　　ア 脂肪酸　　**イ** アミノ酸　　**ウ** ブドウ糖　　**エ** モノグリセリド
　　　　　　　　　　　　　　　　　　　　　　　　　　　　[　　　　　]

第3章　電気の世界　♥復習 p.118-127 ♥

★　次の❶～⓫の問いに答えなさい。

□ ❶ 電熱線を流れる電流の大きさが，電熱線の両端に加わる電圧の大きさに比例することを何の法則といいますか。　[　　　　　]

□ ❷ 電気器具が1秒間に消費する電気エネルギーを何といいますか。　[　　　　　]

□ ❸ 流れる向きが一定の電流を何といいますか。　[　　　　　]

□ ❹ 磁力がはたらく空間を何といいますか。　[　　　　　]

□ ❺ 磁界の向きをつないだ曲線を何といいますか。　[　　　　　]

□ ❻ 流れる電流が大きいほど，導線やコイルがつくる磁界の強さはどうなりますか。
　[　　　　　]

□ ❼ 磁界の中を流れる電流が受ける力の向きは，何と何の向きによって決まりますか。
　[　　　　] [　　　　]

□ ❽ コイルの中の磁界が変化して電流が流れる現象を何といいますか。　[　　　　　]

□ ❾ 電磁誘導で流れる電流を大きくします。[　]にあてはまることばを書きましょう。
　①磁石を [　　　　　] 動かす。
　②磁石を磁力が [　　　　　] ものにかえる。
　③コイルの巻数を [　　　　　]。

□ ❿ 摩擦によって起きた電気を何といいますか。　[　　　　　]

□ ⓫ 電流の正体である，－の電気をもった小さな粒を何といいますか。　[　　　　　]

★　次の⓬～⓲の問いに答えなさい。

□ ⓬ 抵抗が10Ωの電熱線に0.5Aの電流を流すには，何Vの電圧を加えればよいですか。
　[　　　　　]

□ ⓭ 12Vの電圧を加えると0.2Aの電流が流れる電熱線の抵抗は何Ωですか。
　[　　　　　]

□ ⓮ 抵抗が20Ωの電熱線に6Vの電圧を加えると，何Aの電流が流れますか。
　[　　　　　]

□ ⓯ 電熱線に9Vの電圧を加え，1.2Aの電流を流したときの電力は何Wですか。
　[　　　　　]

□ ⓰ 消費電力が350Wの電気器具を100Vの電圧で使うと，何Aの電流が流れますか。
　[　　　　　]

□ ⓱ 消費電力が1200Wの電子レンジを3分間使ったときに消費する電力量は何Jですか。
　[　　　　　]

□ ⓲ 消費電力が900Wの電気ストーブを5時間使ったときに消費する電力量は何Whですか。
　[　　　　　]

★ 右の図のように抵抗が10Ωの電熱線と20Ωの電熱線を
　　直列につなぎ，全体に3Vの電圧を加えました。

□ ⑲ 回路全体の抵抗は何Ωですか。　　　　　[　　　　　]

□ ⑳ 図の電流計は何mAを示しますか。　　　[　　　　　]

□ ㉑ 図の電圧計は何Vを示しますか。　　　　[　　　　　]

第4章　天気の変化　◆復習 p.128-135◆

★ 　[　]に適するものを入れ，（　）から最も適するものを選び，記号に○をつけましょう。

□ ❶ 図のように12Nの物体をスポンジに置いたとき，スポン
　　ジの面にはたらく圧力は [　　　　　] Paである。

□ ❷ 力の大きさが同じとき，力がはたらく面積が大きいほど
　　圧力は （ア 小さく　イ 大きく）なる。

□ ❸ 大気圧は地上の物体に対して（ア 上下から　イ あらゆる方向から）はたらく。

★ 　次の❹〜❾の問いに答えなさい。

□ ❹ 中心付近で雲ができやすいのは，高気圧と低気圧のどちらですか。[　　　　　]

□ ❺ 〔図〕で表される前線を何といいますか。　　　　　　　　　　[　　　　　]

□ ❻ 寒冷前線が通過するときの気象の変化として正しいものを，すべて選びましょう。
　　ア　前線付近で乱層雲が発達する。　　　　　　　　　　　　　　[　　　　　]
　　イ　前線通過時に強い雨が短時間降る。
　　ウ　前線が通過すると，気温が上がる。
　　エ　前線が通過すると，北寄りの風に変わる。

□ ❼ 梅雨前線は，小笠原気団と何気団の勢力がつり合ったときにできますか。
　　　　　　　　　　　　　　　　　　　　　　　　　　　　　[　　　　　]

□ ❽ 空気の温度が下がり，空気中の水蒸気が水滴に変わり始める温度を何といいますか。
　　　　　　　　　　　　　　　　　　　　　　　　　　　　[　　　　　]

□ ❾ 雲のでき方をまとめます。（　）の正しい方を○で囲みましょう。
　　　上空ほど気圧が低いため，上昇した空気のかたまりは（膨張・収縮）し，温度
　　が（上がる・下がる）。空気が上昇を続けるとやがて露点に達し，ふくみきれなく
　　なった水蒸気が水滴に変化して，雲ができる。

★ 　次の❿，⓫の問いに答えなさい。

□ ❿ 気温が11℃で，1m³あたり6.7gの水蒸気をふくむ空気の湿度は何%ですか。11℃
　　のときの飽和水蒸気量を10.0g/m³として求めなさい。　　　[　　　　　]

□ ⓫ 気温が30℃で湿度が50%の空気1m³には，何gの水蒸気がふくまれますか。30℃
　　のときの飽和水蒸気量を30.4g/m³として求めなさい。　　　[　　　　　]

足はむくみやすい！

ずっと立ちっぱなしでいると，ふくらはぎがパンパンになるよね。これが足の「むくみ」。
心臓から送り出された血液は，全身を通って再び心臓に戻ってくるけど，足から心臓へ戻る血液は重力に逆らって流れなければならないの。このとき，足の筋肉が収縮することによって血液を流すためのポンプの役割をするんだ。ところがこのポンプのはたらきが減って血液の流れが悪くなると，余分な水分がたまって足がむくんでしまうんだよ。

これが足のむくみのサイン！

夕方になると靴がきつい

靴下のあとが消えない

こんなことがむくみの原因に

長時間同じ姿勢でいると，足の筋肉の収縮が減るからむくみやすくなるの。1日中座りっぱなしのことが多い中学生だって，むくみに悩まされることは多いはず。
からだが冷えることも血液の流れを悪くするよ。お風呂をシャワーだけで済ませずに，湯船にゆっくりつかるとむくみ対策になるね。
塩分をとり過ぎるとからだの中で水分をため込もうとするから，これもむくみの原因になるよ。

足のむくみやすさチェック

チェックした項目が多いほど足がむくみやすいので注意！

- ☐ 立ちっぱなしや座りっぱなしのときが多い。
- ☐ あまり運動しない。
- ☐ 睡眠不足。
- ☐ しょっぱいものをよく食べる。
- ☐ 冷たい飲み物や食べ物が好き。
- ☐ ダイエット中。

ガールズライフコラム
Girl's Life
Column

足のむくみで悩んでいる人も多いのでは？
むくみの原因と解消法を教えちゃいます☆

食べ物でむくみを解消！

こんな食べ物がむくみに効くと言われているよ。

ほうれん草

バナナ

さつまいも

きのこ類

休み時間でできる！足のむくみ解消ストレッチ

〈座ったままで〉

つま先を上げる　かかとを上げる

〈立ち上がって〉

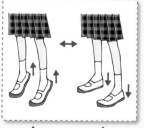

つま先立ち　ゆっくりおろす

ベッドの上でできる！寝ながらぶらぶら体操

手足を上げてぶらぶらさせる

CECIL McBEE
Study Collection

Social Studies

社会の勉強が始まるよ。

身近な地域の調査

地形図の読み取りって難しそう！　でも，コツさえ押さえれば大丈夫。
あわせて，世界と日本の地形についても学んでおこう。

地形図のきまり

地形図 土地利用の様子などを一定のきまりに基づいて表したもの。

縮尺 実際の距離を地図上に縮めた割合。

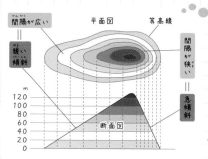

◀等高線と土地
の傾斜

★POINT!
等高線は高さが同じところを結んだ線だよ!!　2万5千分の1地形図では10mごと，5万分の1地形図では20mごとに引かれているよ。

地形図は国土地理院が発行し，縮尺が2万5千分の1のものや5万分の1のものなどがあるよ。

実際の距離を，地形図から計算できちゃうの？

実際の距離は，地図上の長さ×縮尺の分母で求められるんだ。例えば，5万分の1地形図で地図上の長さが2cmの実際の距離は，2cm×50000=100000cm（=1000m）となるよ。

さまざまな地図記号

地図記号 土地利用の様子や建物の種類をわかりやすい記号で表したもの。

土地利用	建物・施設	
‖ 田	◎ 市役所 東京都の区役所	⊞ 病院
∨ 畑	○ 町・村役場 （指定都市の区役所）	☍ 神社
○ 果樹園	⊗ 警察署	卍 寺院
Y 桑畑	Y 消防署	△ 三角点
∴ 茶畑	⊕ 郵便局	⊡ 水準点
○ 広葉樹林	⊗ 高等学校	⌸ 図書館
∧ 針葉樹林	✕ 小・中学校	血 博物館・美術館
⊔ 荒地	⋆ 発電所・変電所	介 老人ホーム

地図記号は関連のあるものをデザインしたものが多いよ。

そうなんだ。知らなかった。例えば？

図書館の地図記号は本を開いた形で，老人ホームの地図記号に描かれているのはお年よりの杖なんだ。

世界と日本の山地

世界には活動が活発で，高くて険しい山地・山脈が連なる造山帯(変動帯)が二つある。

▲二つの造山帯と主な山地・山脈

日本は環太平洋造山帯の一部なんだね。

そうだよ。だから，火山がたくさんあって，地震も多いんだ。

日本は山がたくさんあるよね。

うん。中央に日本アルプス(飛驒山脈・木曽山脈・赤石山脈)がそびえ，国土面積の約4分の3が山地なんだ。

川がつくる地形と海流

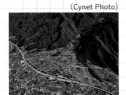
▲扇状地…扇状に広がる緩やかな傾斜地。

(Cynet Photo)
▲三角州…三角形に似た低くて平らな土地。

海流

日本周辺には暖流と寒流が流れる。

★POINT!
暖流と寒流がぶつかる潮目(潮境)には，多くの魚が集まるよ。

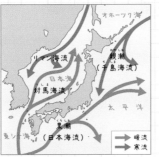
▲日本周辺の海流

扇状地は川が山地から平地に出るところにできた地形で，果樹園などに利用されているよ。

三角州はどんなところにできるの？

川が海や湖に出るところにできるよ。水田などに利用され，集落も発達しているよ。

三陸海岸や若狭湾岸には，山地が海に沈み込んでできた複雑なリアス海岸がみられるね。

---

check! 次の問いに答えよう ♥ ♥ ♥　　答えはp.144だよ。

❶ 2万5千分の1地形図上で4cmの実際の距離は何m？

❷ 川が山地から平地に出るところに，土砂が積もってできた扇形の地形は？

2 日本の気候

旅行に行くと，寒いところや暑いところなど，さまざまな気候があるね。
それぞれの地域の気候の特色を確認しておこう。

日本の気候

日本は大部分が温帯に属し，四季がある。梅雨（つゆ）や
台風の影響（えいきょう）で降水量が多い。

季節風(モンスーン) 夏は南東から吹き，太平洋側
で雨が多く降る。冬は北西から吹き，日本海側で
雪や雨が多くなる。

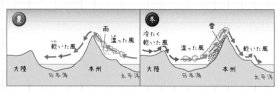

北海道は寒くて，沖縄県
は暑いよね。北は寒くて，
南は暑いと考えていいの
かな？

基本的にはそうだね。
でも，標高や季節風の
向き，海流の影響などに
よっても，気候に違い（ちが）が
生じるよ。

☆POINT!
季節風は山地にぶつかると，そ
の手前に雨や雪を降らせ，山地
を越えると乾燥した風になる。

日本の気候区分

日本列島は南北に長く，季節風の影響を受ける
ため，地域によって気候が大きく異なる。

◀日本の気候区分

☆POINT!
太平洋側は夏に雨が
多く，冬は少ない。日
本海側は冬に雪が多
く，夏は乾燥するよ。

(2021年版「理科年表」)

p.143の check! の答え ❶1000m ❷扇状地（せんじょうち）

日本の自然災害

環太平洋造山帯に属する日本では，地震や火山の噴火が多い。台風や豪雨による水害など，気象災害も多い。

東日本大震災では巨大地震によって津波が発生し，大きな被害が出たよね。

最近は豪雨による洪水や土砂災害も多いよね。こわいなぁ…

そのほかにも，雨が降らずに水不足になる干害や大雪による雪害などがあるよ。

▲地震

▲火山の噴火

▲台風による洪水

自然災害への備え

国や都道府県，市（区）町村が**防災**や**減災**の取り組みを進めている。防災意識を高めることも必要。

避難情報
災害発生時に，避難指示などの情報を発信して，避難をうながす。

ハザードマップ（防災マップ）
津波や火山噴火などの被害予測を示した地図。都道府県や市（区）町村が作成する。

公助・自助・共助
①**公助**…国や都道府県，市（区）町村が救助や支援を行う。
②**自助**…自分自身や家族は自分で守る。
③**共助**…地域住民同士で互いに助け合う。

自助

公助　　共助

災害時には，自衛隊やボランティアが被災地で支援活動を行っているよ。

頼もしいね。私も自助のために何かしなくっちゃ。何かできることはないかな？

防災グッズを用意しておくことや，普段から避難経路や避難場所を確認しておくことが大切だよ。

家族と連絡が取れなくなるのも困るな。今度家族で集合場所や連絡方法を話し合っておこっと。

check! 次の問いに答えよう ♥ ♥ ♥

答えはp.146だよ。

1 日本列島に向かって，夏は南東から吹き，冬は北西から吹く風は？

2 災害の被害予測や避難経路などを示した地図は？

3 世界と日本の人口，資源とエネルギー

世界には2020年現在，約78億人もいるんだって。2000年が約61億人だったから，この20年で17億人も増えてるよ！ 地球，だいじょうぶ〜！？

世界の人口

世界の人口は，約78億人（2020年）。

問題 発展途上国では人口が急激に増えている。

先進国は**少子化**と**高齢化**が問題。

日本
339人/km²

アメリカ合衆国
34人/km²

オーストラリア
3人/km²

POINT!
人口密度はふつう1km²あたりにいる人の数を表すよ!!

🧍＝1つが10人を表す

（2020年）

（2020/21年版「世界国勢図会」）

▲主な国の人口密度

少子化は子どもの数が減ること，高齢化は高齢者の割合が増えることだよ。

日本は人口密度が高い国なんだね。人が多すぎ！

うん。日本の人口は約1億2600万人なんだ（2020年）。でも，人口が集中する過密地域と，人口の減少が著しい過疎地域があるよ。

日本の人口問題

三大都市圏に人口が集中。急速に少子高齢化が進んでいる。

問題 労働力や社会保障費用の不足など。

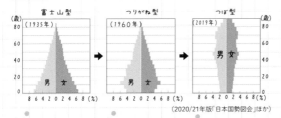

富士山型
（歳）
80
60
40
20
0
（1935年）
男 女
8 6 4 2 0 2 4 6 8（%）

つりがね型
（1960年）
男 女
8 6 4 2 0 2 4 6 8（%）

つぼ型
（2019年）
男 女
（歳）
80
60
40
20
0
8 6 4 2 0 2 4 6 8（%）

（2020/21年版「日本国勢図会」ほか）

POINT!
子ども（15歳未満）の割合が高いよ。

POINT!
働く世代（15〜64歳）の割合が高いよ。

POINT!
高齢者（65歳以上）の割合が高いよ。

▲日本の人口ピラミッドの変化

人口ピラミッドってどういうものなの？

国や地域の人口構成を年齢別，男女別に示したグラフだよ。

日本の人口ピラミッドは富士山の形からつぼの形に変わっているね。

そうだね。発展途上国の人口ピラミッドは富士山型，先進国の人口ピラミッドはつぼ型になることが多いんだ。

p.145の **check!** の答え ❶季節風（モンスーン） ❷ハザードマップ（防災マップ）

資源が少ない日本

日本は石油や鉄鉱石などの鉱産資源が少なく，ほとんどを輸入に頼<ruby>(たよ)</ruby>っている。

▲日本の主な鉱産資源の輸入先(量)

（2019年）（2020/21年版「日本国勢図会」）

石炭
- ロシア 10.8
- インドネシア 15.1
- オーストラリア 58.7%
- その他

石油
- ロシア 5.4
- その他
- クウェート 8.5
- カタール 8.8
- アラブ首長国連邦 29.7%
- サウジアラビア 35.8%

鉄鉱石
- カナダ 6.2
- その他
- ブラジル 26.3
- オーストラリア 57.3%

日本は石炭の自給率は0.4%，石油は0.3%（2019年）しかないよ。

日本では全然採れないんだね～。

そうなんだ。石油は，主にペルシア湾岸<ruby>(わんがん)</ruby>の国々から輸入しているよ。

主な発電方法

主な発電方法には，火力・水力・原子力がある。

再生可能エネルギー 繰<ruby>(く)</ruby>り返し利用できる太陽光，風力，地熱，バイオマスなど。

POINT!
バイオマス発電は，家畜のふん尿やとうもろこしなどの作物を発酵させたときに出るメタンガスなどを利用するよ。

日本
- 水力 8.9%
- 火力 85.5
- 原子力 3.1
- 自然エネルギーなど 2.4

フランス
- 水力 9.8%
- 火力 13.0
- 原子力 70.9
- 自然エネルギーなど 6.3

カナダ
- 水力 59.6%
- 火力 20.1
- 原子力 15.4
- 自然エネルギーなど 4.9

（2017年）
（2020/21年版「世界国勢図会」）
▲主な国の発電量の割合

原子力発電って事故があったよね。

2011年の東日本大震災<ruby>(だいしんさい)</ruby>では，福島第一原子力発電所で事故が起こって，放射性物質が放出されたよね。

火力発電所をたくさんつくればいいのに！

そうもいかないんだ。火力発電は，地球温暖化の原因となる二酸化炭素<ruby>(はいしゅつ)</ruby>を排出するからね。

---

check! 次の問いに答えよう ♥ ♥ ♥

♥答えはp.148だよ。

① 現在，日本の人口ピラミッドは何型？

② 日本が最も鉄鉱石を輸入している国は？

4 日本の産業，日本と世界の結びつき

日本ではどんな産業がさかんなのかな。服をつくるお店や服を売るお店は，どの産業に含まれるか考えてみよう。

日本の農業

北海道を除き，小規模な農業を行っている。

問題 低い食料自給率(特に小麦や大豆)，農家の高齢化，安い輸入品の増加など。

▼近郊農業

大都市の近くで，大都市に向けて農作物を生産。
例 千葉県，茨城県

▼促成栽培

ビニールハウスなどを利用して，出荷時期を早める。
例 宮崎平野，高知平野

▼抑制栽培

夏でも涼しい気候をいかして，出荷時期を遅らせる。
例 野辺山原

食料自給率とは，国内で消費される食料のうち，国内の生産でまかなえる割合のことだよ。

日本の食料自給率はどうして低いの？

輸入制限をなくす貿易自由化が進み，安い外国産の農作物がたくさん輸入されていることなどが原因なんだ。

日本の漁業

近年は育てる漁業の養殖業と栽培漁業に力を入れている。

養殖業	いけすなどの施設で大きくなるまで育てる。
栽培漁業	ある程度育てたあと一度放流し，成長してからとる。

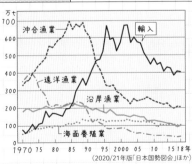
▲漁業種類別漁獲量と輸入量の変化
(2020/21年版「日本国勢図会」ほか)

POINT!
各国の排他的経済水域の設定で，遠洋漁業に大きな打撃!!

沖合漁業も漁獲量が減ってるよ。大変!! お寿司が食べられなくなる〜。

魚のとりすぎなどが原因なんだ。日本は魚の消費量の多くを輸入に頼っているよ。

養殖業や栽培漁業を育てる漁業っていうんだね。

うん。それに対して沿岸漁業・沖合漁業・遠洋漁業はとる漁業と呼ばれているんだ。

日本の工業

臨海部で石油化学工業や鉄鋼業が発達。内陸部に工業団地が形成され，機械工業などが発達。

▲日本の主な工業地帯・地域

POINT!
工業のさかんな地域が帯（ベルト）のように連なるから，太平洋ベルトというよ。

近年は生産費が安い海外での現地生産が進み，日本国内の生産力が衰える産業の空洞化が問題なんだ。

店舗で服を売るお店も工業なの？

違うよ。商業で小売業だよ。商業には卸売業と小売業があるんだ。

日本の商業・サービス業

日本は商業，サービス業などの第三次産業で働く人の割合が最も高い。

第一次産業…農業，林業，水産業
第二次産業…鉱業，製造業，建設業
第三次産業…商業，金融業，運輸業，観光業，医療・福祉業・情報通信技術産業など。

第一次産業

第二次産業

第三次産業

商業って，どんなものだっけ？

商品を売る仕事。卸売業や小売業が商業だよ。コンビニや商店街の魚屋さんなどは小売業だよ。

私はインターネットで買い物することが多いなぁ。

そういう人は多いよ。近年はインターネットを利用した電子商取引などが広がり，商業の形も変わってきているんだ。

check! 次の問いに答えよう ♥ ♥ ♥　　答えはp.150だよ。

1 いけすなどの施設で大きくなるまで育てる漁業は？

2 関東南部から九州北部の臨海部に連なる工業のさかんな地域は？

九州地方

5

ラーメンや明太子など，おいしい食べ物や温泉で有名な九州地方。
熊本県のゆるキャラ・くまモン…にかわって，セシルベアがご案内するよ！

九州地方の自然と環境問題

自然 火山が多く，気候は温暖。

▲九州地方のようす

> **POINT!**
> 九州地方は，暖流の黒潮と対馬海流の影響で，冬でも比較的暖かいよ。

熊本県の阿蘇山には，噴火によってできたカルデラというくぼ地があるよ。大きさは，世界最大級なんだ。

カステラみたいな名前だね。

熊本県水俣市は四大公害病の一つの水俣病が発生したよ。でも，その後環境改善に取り組み，現在は環境モデル都市に指定されているんだ。

九州地方の農業

宮崎平野では野菜の促成栽培が，シラス台地が
広がる鹿児島県や宮崎県では畜産がさかん。

豚（2019年）計916万頭

鹿児島 13.9%	宮崎 9.1	群馬 6.9	その他

北海道 7.6 ┘　└ 千葉 6.6

肉用にわとり（2019年）計1億3823万羽

宮崎 20.4%	鹿児島 20.2	岩手 15.7	その他

青森 5.0 ┘　└ 北海道 3.6

▲豚と肉用にわとりの飼育頭羽数の割合 （2020/21年版「日本国勢図会」）

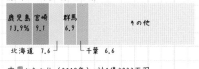

促成栽培って何？いかにも育ちそうな名前！

ビニールハウスなどを使って，農作物をほかの地域よりも早い時期に出荷する栽培方法だよ。

高い値段で売れるって聞いたけど…。

ほかの産地からの出荷量が少ない時期に出荷できるからなんだ。

p.149の **check!** の答え ❶養殖業　❷太平洋ベルト

九州地方の工業

明治時代に官営の八幡製鉄所がつくられ，北九州工業地帯(地域)が発展。

▲九州地方の主な工業

POINT!
IC工場は高速道路のインターチェンジ付近に多いよ!!

北九州工業地域ではどんな工業がさかんなの？

かつては鉄鋼業がさかんだったけど，現在は自動車などをつくる機械工業がさかんだよ。

ICって小さいんだね。何に使うものなの？

超小型の電子回路で，コンピューターなどさまざまな電子機器に使われているんだ。集積回路ともいうよ。

他地域とのつながりと沖縄

アジアとの結びつき 九州地方はユーラシア大陸に近く，アジアの国々との結びつきが強い。

沖縄県 観光業がさかん。

▲シーサー

▲伝統衣装

◀エイサー

▲さんご礁

九州地方は，古くから中国や朝鮮半島との交流がさかんだったんだ。

沖縄は観光地ってイメージ♡ 行ってみたいな〜。

沖縄県にはさんご礁などの美しい自然が広がり，首里城など琉球王国時代の遺跡や独自の文化が残るんだ。

---

check! 次の問いに答えよう ♥ ♥ ♥

答えはp.152だよ。

❶ 世界最大級のカルデラをもつ火山は？

❷ 八幡製鉄所の建設をきっかけに発展した工業地帯(地域)は？

中国・四国地方

香川県のうどんや徳島県の阿波おどり，広島県の厳島神社…。
各県に古きよき魅力がたっぷりな中国・四国地方をみてみよう!!

中国・四国地方の地形

特徴 中国地方にはなだらかな中国山地，四国地方には険しい四国山地が連なる。

◀中国・四国地方のようす

中国地方と四国地方の間には海があるんだね。

うん。瀬戸内海が広がっているよ。広島市は地方中枢都市なんだ。

本州から四国って，船以外で行けるの？

岡山県と香川県，兵庫県と徳島県，広島県と愛媛県を結ぶ橋があるんだ。ここにかかる橋をまとめて本州四国連絡橋というよ。

地域区分と気候

中国・四国地方は山陰，瀬戸内，南四国の三つの地域に分けることができる。

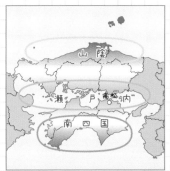

気温（℃）　降水量（mm）

年平均気温16.3℃

年降水量1082.3mm

(2021年版「理科年表」)

▲瀬戸内（高松）の雨温図

◀中国・四国地方の地域区分

山陰は日本海側の気候，瀬戸内は瀬戸内の気候，南四国は太平洋側の気候となっているよ。

瀬戸内の気候ってどんな気候だっけ？

瀬戸内は中国山地と四国山地に挟まれているから季節風の影響を受けにくく，降水量が少ない気候だよ。水不足に備えて，ため池がつくられてきたよ。

p.151の check! の答え ❶阿蘇山 ❷北九州工業地帯（地域）

中国・四国地方の産業

農業 高知平野では，なすやピーマンなどの野菜の促成栽培がさかん。

工業 瀬戸内工業地域で石油化学工業がさかん。

みかん　　　　かきの養殖　　　石油化学コンビナート

例 愛媛県　　　例 広島県　　　例 倉敷市水島地区（岡山県）

鳥取砂丘では，らっきょうやながいもが栽培されているよ。

砂丘でも農業ができるんだね！ ねぇ，石油化学コンビナートって何？

製油所や火力発電所，石油化学工場など石油関連の施設が結びついて総合的に生産をしているところだよ。

人口問題と対策

離島や山間部などで過疎化・高齢化が深刻⇨限界集落の増加⇨町おこし・村おこしで地域活性化。

高齢化

若いんがいなくなっちゃった…

町おこし・村おこし

限界集落ってどう限界なの？

人口が急激に減って，近い将来存続が危ぶまれる集落で，離島や山間部に多いよ。逆に人口の多い都市は瀬戸内に集中しているんだ。

ゆずのジュースなんてあるんだ！

特産品や観光資源を活用して，町おこし・村おこしで地域を活性化しようとしているんだよ。

---

check! 次の問いに答えよう ♥ ♥ ♥　　　　答えはp.154だよ。

1 本州と四国を結ぶ三つのルートにかかる橋をまとめた呼び名は？

2 瀬戸内海沿岸に発達した工業地域は？

153

7 近畿地方

かつて都が置かれていた奈良・京都には，世界遺産（いさん）が盛りだくさん☆
大阪や兵庫なども含（ふく）め，外国人に大人気の観光地だよ。

近畿地方の自然

地形 複雑に入り組んだリアス海岸が連なる。
例 若狭湾（わかさわん）や志摩半島（しま）。

気候（きこう） 紀伊山地（きい）の南側は，日本有数の降水量が多い地域。

POINT!
日本最大の湖である琵琶湖が，滋賀県にあるよ。滋賀県の面積の6分の1を占めているよ。

◀近畿地方のようす

琵琶湖（びわこ）の水が赤くなってる写真を見たことがあるよ！

日本一大きい湖の琵琶湖は，プランクトンが異常発生する赤潮（あかしお）やアオコが環境（かんきょう）問題となったんだ。

環境を守るためにどんな対策をとったの？

りんを含む合成洗剤（せんざい）の販売（はんばい）や使用を禁止するなどしたよ。琵琶湖は「近畿地方の水源」だからね。

阪神工業地帯（はんしん）

大阪府と兵庫県に**阪神工業地帯**を形成。内陸部には中小企業（きぎょう）の工場が多いのが特色。

計33.1兆円

金属 20.7%	機械 36.9	化学 17.0	食料品 11.0	その他

せんい 1.3

(2017年)　(2020/21年版「日本国勢図会」)
▲阪神工業地帯の工業生産額の割合

POINT!
大阪湾岸では再開発が進み，大型の物流施設やテーマパークなどが建設されているよ。

中小企業（製造業）は，働く人が300人未満，または資本金が3億円以下の企業だよ。

中小企業の工場はどんな仕事をしているの？

多くは大企業の工場の下請（したう）けだけど，高い技術をもっているところもあるんだ。

p.153の **check!** の答え ❶本州四国連絡橋（ほんしゅうしこくれんらくきょう） ❷瀬戸内工業地域（せとうち）

大阪大都市圏の形成

大阪大都市圏 東京大都市圏に次いで人口が集中。大阪市を中心に鉄道や道路が広がる。

ニュータウン 中心部での人口増加に伴い，郊外の泉北や千里などにニュータウンを形成。

大阪大都市圏は大阪市を中心に広がっているの？

そうだよ。関西大都市圏，京阪神大都市圏ともいうよ。

ニュータウンって，なんだっけ？

都市郊外に計画的に建設された市街地だよ。神戸市では，六甲山地を削ってニュータウンをつくり，そこから出た土砂で埋め立てをして，人工島をつくったよ。

古都の景観保全

かつて都が置かれた京都と奈良は寺院や古い町並みが多く残り，世界的な観光地となっている。

景観を守るための取り組み

京都府 建物の高さやデザイン，看板などを規制。

奈良県 町家を店舗や宿泊施設などに利用。

▲電線を地中に埋めた
町並み(京都市)（Cynet Photo）

▲町家を改装した店舗
（奈良県）(Cynet Photo／朝日新聞)

近畿地方には世界文化遺産がたくさんあるんだよね。修学旅行で全部行けたらいいのにな〜。

世界文化遺産のほかにも，国宝や重要文化財などがたくさんあるよ。京都の西陣織，清水焼，奈良の奈良筆など，伝統的工芸品も多いよ。

西陣織の着物を着てみた〜い。

check! 次の問いに答えよう ♥ ♥ ♥　　　　答えはp.156だよ。

1 プランクトンが異常発生して，湖などの水面が赤く見える現象は？

2 大阪府と兵庫県を中心に形成されている工業地帯は？

8

中部地方

愛知県といえば，豪華なモーニング！　長野県といえば，別荘地・軽井沢！
なんだか優雅な雰囲気あふれる中部地方を要チェック☆

中部地方の地形

日本一長い信濃川や日本アルプスがある。

★POINT！
飛騨山脈，木曽山脈，赤石山脈をまとめて日本アルプスと呼ぶよ。

◀中部地方のようす

濃尾平野には川がたくさん流れているね〜！

下流の水田地帯には，洪水を防ぐために周りを堤防で囲んだ輪中と呼ばれる地域があるよ。

名古屋市って全国の中でも人口が多い都市だよね。

うん。人口220万人を超える大都市で，政令指定都市でもあるよ。名古屋港は自動車などの輸出がさかんな日本有数の貿易港だよ。

北陸地方の産業

北陸地方は水田単作地帯で，越後平野は日本有数の米の産地。地域に根づいた地場産業もさかん。水力発電所が多く，アルミニウム工業が発達。

北陸地方って，雪が多いんだよね。冬は農作業ができないね。

そうなんだ。福井県鯖江市の眼鏡枠（フレーム）づくりも冬の農家の副業として発展したよ。福井県の眼鏡枠の生産量は全国の約90％を占め，海外へも輸出されているよ。

富山県や新潟県では，チューリップの球根づくりもさかんなんだよね。

（Cynet Photo／朝日新聞）

▲鯖江市の眼鏡枠（フレーム）の生産

（Cynet Photo／朝日新聞）

▲燕市の食器の生産

p.155の check！ の答え ❶赤潮（淡水赤潮）　❷阪神工業地帯

中央高地の産業

農業 甲府盆地（こうふぼんち）で，ぶどうとももの栽培（さいばい）。八ケ岳山（やつがたけ）ろくなどで高原野菜の抑制栽培（よくせい）。

▲長野県の高原野菜の畑

★POINT!
高原野菜は，他の地域からの出荷が少ない夏に東京などの大消費地に向け出荷するので，高値で取引される。

工業 諏訪湖（すわこ）周辺で精密機械工業が発達→高速道路の整備により，電子部品やプリンタなどの工場が進出。

山梨県のぶどうとももの収穫量（しゅうかく）は全国一だよ。

ぶどうって，ワインの原料だよね。私も大人になったら，優雅（ゆうが）にワインをのみたいなぁ。

長野盆地と松本盆地（まつもと）では，りんごの栽培がさかんだよ。りんごの栽培は涼（すず）しいところに合ってるからね。

東海地方（とうかい）のようす

名古屋大都市圏（なごやだいとしけん） 名古屋市を中心に形成され，人口と産業が集中。

工業 愛知県を中心に中京工業地帯（ちゅうきょう），静岡県を中心に東海工業地域を形成。

農業 温暖な静岡県で茶とみかんの栽培。愛知県の渥美半島（あつみ）で電照菊（でんしょうぎく）の栽培。

茶

例 牧ノ原（まきのはら）（静岡県）

みかん

例 駿河湾沿い（するがわん）

電照菊

例 渥美半島

中京工業地帯では豊田市（とよた）で自動車工業，四日市市（よっかいち）で石油化学工業，東海工業地域では浜松市（はままつ）でオートバイや楽器の生産がさかんなんだ。

電照菊って何？

ビニールハウスなど施設（しせつ）の中で夜間に照明を当て，菊の開花時期を遅（おく）らせてつくる菊だよ。抑制栽培（よくせい）の一つだよ。

---

check! 次の問いに答えよう ♥ ♥ ♥
答えはp.158だよ。

❶ ぶどうとももの日本一の産地となっている山梨県の盆地は？

❷ 愛知県を中心に発達している工業地帯は？

9 関東地方

日本の総人口のおよそ3分の1が集まる関東地方。
東京って芸能人が歩いていそうなイメージなのに，人が多すぎて見つけられない！（泣）

関東地方の自然

地形 日本一広い**関東平野**が広がっている。

気候 大部分が**太平洋側**の気候。内陸部は冬に冷たい北西風の**からっ風**。小笠原諸島は**亜熱帯**の気候。

▲関東地方のようす

利根川ってたくさんの県を流れているんだね。

利根川は流域面積が日本一なんだ。関東平野は火山灰が積もってできた関東ロームという赤土で覆われているよ。

東京はどういう気候なの!?けっこう暑いよね。

そうだね。高層ビルが建ち並ぶ東京都心では，周りの地域よりも気温が高くなるヒートアイランド現象がみられるんだ。

関東地方の農業

茨城県や千葉県では，大都市向けに野菜などをつくる**近郊農業**がさかん。

POINT!
近郊農業は新鮮なまま輸送でき，輸送費が安いのが利点だよ。

近郊農業では，ねぎ，ほうれんそうなどが栽培されているよ。

新鮮な野菜を食べられるなんて幸せだな〜。

高原野菜は涼しい気候をいかして栽培されているよ。群馬県などの山間部でつくられるキャベツやレタスが有名だよ。

近郊農業

例 大都市近く

高原野菜

例 嬬恋村（群馬県）

酪農

例 栃木県

p.157の check! の答え ❶甲府盆地 ❷中京工業地帯

関東地方の工業

臨海部 東京から横浜にかけての東京湾岸に京浜工業地帯が発達している。

計26.0兆円

金属 8.9%	機械 49.4	化学 17.7	食料品 11.0	その他

せんい 0.4

(2017年) (2020/21年版「日本国勢図会」)

▲京浜工業地帯の工業生産額の割合

POINT! 東京都で印刷業がさかんだよ!

内陸部 工業団地が進出した群馬県や栃木県，茨城県に北関東工業地域が発達している。

千葉県の東京湾岸には京葉工業地域が発達し，鉄鋼業や石油化学工業がさかんなんだ。

工業地帯と工業地域が合わせて三つもあるのか〜。

そうだね。北関東工業地域の工業団地は，輸送に便利な高速道路の近くに形成されているよ。

東京大都市圏

日本の首都・東京を中心に東京大都市圏が形成され，過密が問題に。

▲企業の集中

▲文化の発信

▲情報通信の集中

都市問題

再開発

▲通勤・通学ラッシュ

▲ごみ処理場の不足

▲みなとみらい21

東京って国会議事堂があるよね！

うん。東京は主な中央省庁や大企業の本社があって，政治・経済の中心地なんだ。

東京のぎゅうぎゅうの電車ほんときらい〜。

郊外や他の県から都心に通勤・通学する人が多いからね。都心は昼間のほうが，夜より人口が多いんだ。

---

check! 次の問いに答えよう ♥ ♥ ♥ 答えはp.160だよ。

❶ 大都市の近くで，大都市向けの農作物をつくる農業は？

❷ 東京から横浜にかけての東京湾岸に発達している工業地帯は？

東北地方

「秋田美人」ってよく聞くけど，東北地方には美人が多いのかな？
東北地方の産業や伝統行事を探ってみよう。

東北地方の自然

気候 奥羽山脈の東側は太平洋側の気候，西側
は日本海側の気候になっている。

★くわしく
三陸海岸の南
部は，海岸線
が複雑なリア
ス海岸として
有名だよ。

▲東北地方のようす

奥羽山脈の東側と西側で
気候が違うんだね。

うん。太平洋側は夏に
冷たく湿った北東風の
やませが吹くと，冷害が
発生することがあるよ。

2011年に東日本大震災
が起きたよね。

巨大津波によって東北
地方は大きな被害を受
けたよ。特にリアス海岸
が続く三陸海岸では被
害が大きかったよ。

東北地方の農業

日本を代表する稲作地帯。涼しい気候に合った
津軽平野でのりんごの栽培や，福島盆地でのも
も，山形盆地でのさくらんぼの栽培もさかん。

りんご　計75.6万t

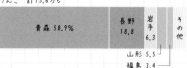

| 青森 58.9% | 長野 18.8 | 岩手 6.3 | その他 |

山形 5.5
福島 3.4

（2018年）　　　　　（2020/21年版「日本国勢図会」）
▲りんごの生産量の割合

東北地方では寒さに強
い品種を開発するなど
品種改良をして稲作が
さかんになったんだ。

東北地方って，お米のイ
メージがあるよ!! 私，お
にぎり大好きなの♡

うん。秋田平野や庄内
平野，仙台平野などで
稲作がさかんだよ🍙

p.159の check! の答え ❶近郊農業 ❷京浜工業地帯

東北地方の工業

高速道路沿いに電子部品や自動車部品などの工業団地が形成され，地元で働く人が増えた。

伝統的工芸品

青森県	津軽塗
岩手県	南部鉄器
秋田県	大館曲げわっぱ
宮城県	宮城伝統こけし
山形県	天童将棋駒
福島県	会津塗

▲津軽塗 （ピクスタ）

▲会津塗 （ピクスタ）

東北地方には伝統的工芸品がたくさんあるね。

伝統的工芸品は伝統産業でつくられた工芸品のうち，特に優れたものとして経済産業大臣に指定されたものだよ。

東北地方では何で伝統産業がさかんなの？

雪のため農作業ができない冬の農家の副業として発達したんだ。

東北地方の伝統行事

農業がさかんな東北地方では，豊作を祈る祭りや収穫に感謝する祭りなど，農業に結びついたさまざまな伝統行事がみられる。

祭り 毎年8月に東北三大祭りが行われ，多くの観光客が訪れる。

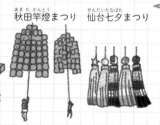
青森ねぶた祭　　秋田竿燈まつり　　仙台七夕まつり

仙台七夕まつりは見に行ったことあるよ。きれいだった〜。

東北には，農作業のできない冬の保存食としてつくられた秋田県の「いぶりがっこ」などの食文化もあるよ。

秋田県男鹿半島で「なまはげ」も経験したよ。迫力あったぁ〜。

check! 次の問いに答えよう ♥ ♥ ♥

答えはp.162だよ。

1 東北地方の太平洋側で夏に吹く，冷たく湿った北東風は？

2 青森県の津軽平野で栽培がさかんな果物は？

11 北海道地方

北海道はでっかいどう!! なんと，北海道の端から端までの距離は，東京〜大阪間より離れているんだって。広すぎ!!

北海道地方の自然

地形 有珠山などたくさんの火山がある。

気候 冷帯（亜寒帯）の気候で，冬の寒さが厳しく，夏は涼しい。梅雨がない。

北海道地方のようす

POINT!
太平洋側は，夏に濃霧が発生するので，気温が低くなるよ。

北海道はやっぱり寒そうだね。ぶるぶるぶる。

そうだね。道路が凍結しないようにロードヒーティングの設備があるよ。知床は世界遺産に登録されているんだ。

北海道は温泉も豊富だし，観光地がたくさんあるよね。

新千歳空港が空の玄関口なんだ。海外からもスキー客など，多くの観光客がやってくるよ。

北海道地方の産業

農業 泥炭地だった石狩平野は，違う土地から土を持ってくる客土で土地を改良した。

酪農 乳牛を飼育して牛乳やチーズを生産。

稲作
例 石狩平野

畑作
例 十勝平野

酪農
例 根釧台地

十勝平野では，大規模な畑作が行われているよ。土地の栄養が落ちないように輪作が行われているんだ。

北海道は魚もおいしいんだよね。お寿司食べたい♡

北海道は漁獲量が日本一なんだ。地元の食材をいかした，食料品工業がさかんだよ。

p.161の check! の答え ①やませ ②りんご

北海道の歩み

北海道は，江戸時代まで蝦夷地と呼ばれ，先住民族のアイヌの人々（アイヌ民族）が暮らしていた。

アイヌの人々の文化

アットゥシ（織物）　ムックリ（口琴）　自然に感謝する儀式

北海道の開拓
明治時代初めに札幌に開拓使が置かれ，屯田兵による開発が行われた。

アイヌの人々は自然と共に生きてきたんだね。なんか，すてき〜。

でも，北海道の開拓が進むと，土地や独自の文化を奪われてしまったよ。

そんなのひどい〜。なんとかならないの？

だから近年はアイヌ文化を保護したり，アイヌの人々が尊重される社会をつくったりするための法律が制定されているよ。

私もアイヌの文化について興味が出てきた。ちゃんと勉強しよっと！

北海道の観光業と環境保全

北海道では，雄大な自然をいかした観光業が発達している。

流氷　　さっぽろ雪まつり

エコツーリズム
自然との関わり方を学びながら観光を楽しむしくみ。

寒い気候をうまく観光にいかしてるんだね。

そうだね。人々の生活にも雪をうまく利用している例があるよ。雪の冷気で米を貯蔵する「雪中米」や雪を利用した冷房システムなどがこれにあたるよ。このような取り組みを「利雪」っていうんだよ。

---

check!　次の問いに答えよう ♥ ♥ ♥

答えはp.164だよ。

① 日本を代表する酪農地帯となっている北海道の東部にある台地は？

② 北海道に古くから住む先住民族は？

12 ヨーロッパの世界進出

ヨーロッパの人々が世界に進出して、やがて日本にも来るよ。
日本に来たヨーロッパの人々が、日本に伝えたものは何だろう。

ヨーロッパの変化

14世紀、古代ギリシャ・ローマの文化を理想とするルネサンス(文芸復興)という新しい文化の動きがおこった。

16世紀初め、宗教改革が始まる。
⇨対抗してカトリック教会でも改革を始め、
　イエズス会が海外布教へ。

ドイツで宗教改革を始めるぞ！

ルター

★POINT！
改革を支持する人々は、プロテスタントと呼ばれたよ。

ヨーロッパでは、11世紀末に十字軍の遠征が始まったよ。イスラム勢力からキリスト教の聖地を取りもどそうと約200年間続けたけど、失敗したんだ。

200年間も！　それでも失敗かぁ…。

でも、イスラム世界で受け継がれていた古代ギリシャやローマの文化がヨーロッパに伝わった。これがルネサンスにつながるよ。

ヨーロッパの世界進出

15世紀、ヨーロッパの人々がアジアへの新しい航路の開拓を始めた(大航海時代)。

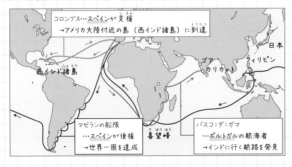

コロンブス…スペインが支援
→アメリカ大陸付近の島(西インド諸島)に到達

日本
ゴア
カリカット
フィリピン
西インド諸島

マゼランの船隊
…スペインが後援
→世界一周を達成

喜望峰

バスコ=ダ=ガマ
…ポルトガルの航海者
→インドに行く航路を発見

ヨーロッパの人々は、なぜ航路の開拓を始めたの？

キリスト教の布教と、アジアの香辛料を直接手に入れるためだよ。イスラム商人から買ってたけど、とても高価だったんだ。

直接行けば、安く買えるってことだね。

p.163の check！ の答え ❶根釧台地 ❷アイヌの人々(アイヌ民族)

ヨーロッパ人との出会い

新航路を開拓したヨーロッパの国々が世界に進出し，日本とヨーロッパが出会った。

鉄砲 1543年，ポルトガル人が日本に鉄砲を伝えた。

⇨戦国大名が注目，堺（大阪府）などで生産開始。

⇨戦い方などが変化し，全国統一の動きが加速。

キリスト教 1549年，イエズス会の宣教師フランシスコ＝ザビエルが日本にキリスト教を伝えた。

★くわしく
その後，多くのイエズス会の宣教師が貿易船で来航したよ。

ザビエル

南蛮貿易 ポルトガル人やスペイン人との南蛮貿易が始まった。

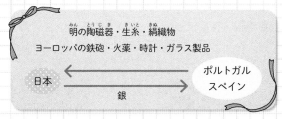

明の陶磁器・生糸・絹織物
ヨーロッパの鉄砲・火薬・時計・ガラス製品

日本 ← ポルトガル スペイン

日本 → 銀 → ポルトガル スペイン

戦国時代の日本に新兵器の鉄砲が伝来したよ！

ポルトガル人は，どうやって日本に来たの？

種子島（鹿児島県）に漂着した中国船に乗っていたんだ。

同じころ，キリスト教も日本に伝わったんだね。

信者（キリシタン）は急速に増えて，戦国大名もいたよ。九州の3人のキリシタン大名は，10〜15歳の少年使節4人をローマ教皇のもとへ派遣したんだ。

え〜っ，みんな私と年近いね！

なんで南蛮貿易っていうの？

このころ，ポルトガル人やスペイン人を南蛮人と呼んでいたからだよ。

---

check! 次の問いに答えよう ♥ ♥ ♥　　　　答えはp.166だよ。

1 アメリカ大陸付近の島（西インド諸島）に到達したのは誰？

(1) コロンブス　　(2) バスコ＝ダ＝ガマ　　(3) マゼラン

2 日本にキリスト教を伝えたのは誰？

13 織田信長・豊臣秀吉の全国統一

全国統一によって戦国時代が終わるよ。
その前後にどんなことがあったのかをつかもう。

織田信長の統一事業

尾張（愛知県）の戦国大名織田信長は，室町幕府を滅ぼして統一事業を進めた。

⇨統一を目前に，京都の本能寺で自害。

POINT!
長篠の戦いでは，鉄砲を有効に使って，武田氏を破ったよ。

政策
♥楽市・楽座

誰でも自由に商売できるぞ♪

▶安土（滋賀県）の城下町では，市の税や座の特権を廃止した。

安土城ってどんなお城なの？

織田信長が建てた城で，雄大な天守（天守閣）がそびえる城だったよ。

信長は，ほかにはどんなことをしたの？

自分にはむかう仏教勢力を武力で従わせたいっぽう，キリスト教を保護したんだ。

豊臣秀吉の統一事業

織田信長の後継者となった家臣の豊臣秀吉は，1590年に全国統一を達成。

政策
❶太閤検地　　❷刀狩

刀を取り上げられるなんて…。

▲全国の田畑の面積やよしあしを調べ，収穫高を石高で表した。

▲百姓や寺社から，刀や鉄砲などの武器を取り上げた。

豊臣秀吉は，なぜ太閤検地や刀狩を行ったの？

太閤検地は年貢を確実にとるため，刀狩は武力による一揆を防ぐためだよ。

ふーん。で，このあとどうなったの？

武士と農民の身分がはっきりと区別されるようになったよ。これを兵農分離というよ。

p.165の check! の答え ❶（1）❷フランシスコ=ザビエル

豊臣秀吉の対外政策

どうして宣教師を追放を命令したの？

❶ バテレン（宣教師）追放令…キリスト教の宣教師の国外追放を命じた。

キリスト教の勢力が，全国統一の妨げになると考えたんだ。

❷ 朝鮮侵略…明の征服を目指し，その足がかりとして朝鮮に2度にわたり大軍を送った（文禄の役・慶長の役）。

⇨秀吉の死によって全軍が引き揚げた。

それで日本からキリスト教はなくなったの？

桃山文化

大名や豪商の権力や経済力を背景に，雄大で豪華な桃山文化が栄えた。また，このころ，ヨーロッパの文化の影響を受けた南蛮文化も広まった。

ううん。貿易は続けていたから，貿易船に乗って宣教師もたくさん来日していたんだ。

意味ないじゃん！

建築	安土城，姫路城，大阪城→雄大な天守が築かれる
絵画	きらびやかな絵（濃絵）→狩野永徳「唐獅子図屏風」
芸能	茶の湯→千利休がわび茶を完成 かぶき踊り→出雲の阿国が始める

南蛮文化ってどんなものがあるの？

▲姫路城

☆POINT!
姫路城は桃山文化を代表する城で，5層の天守が特徴だよ。

南蛮貿易によって，パンやカステラ・時計などがもたらされたよ。ヨーロッパ風の衣服も流行したんだ。

check!　次の問いに答えよう ♥ ♥ ♥　　　　　　♥答えはp.168だよ。

❶ 織田信長が，商工業を活発にさせるために行った政策を何という？

❷ 豊臣秀吉が，一揆を防ぐために行った政策を何という？

14 江戸幕府の成立と鎖国

江戸幕府がどのように全国を支配したかをつかもう。
江戸幕府が進めた鎖国とはどのような政策だろう。

江戸幕府の成立としくみ

徳川家康は関ヶ原の戦いに勝利。1603年に征夷大将軍に任命され，江戸幕府を開いた。

政策

❶ 幕藩体制：幕府と藩の力で全国の土地と民衆を支配。

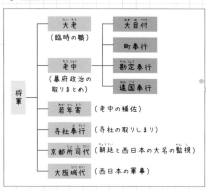

POINT!
大名を親藩・譜代大名・外様大名に分けて，配置を工夫したよ。

◀ 江戸幕府のしくみ

❷ 武家諸法度を定め，大名を統制。

⇨ 第3代将軍徳川家光が参勤交代を制度化。

一．文武弓馬の道にはげむこと。

一．大名は江戸と領地に交代で住み，毎年4月中に江戸へ参勤せよ。

一．新しく城を築いてはならない。

▲ 武家諸法度（部分要約）

妻子は江戸に住む

大名は1年おきに江戸と領国を往復する

江戸

領国

◀ 参勤交代のしくみ

藩って何？

大名の領地とそれを支配する組織のことだよ。

江戸時代の大名ってどんな人たちなの？

大名は将軍から1万石以上の領地を与えられた武士だよ。幕府は人々を，武士・百姓・町人など身分に分けて支配したんだ。

大名の親藩や譜代大名って何が違うの？

親藩は徳川家の一族，譜代大名は古くからの徳川家の家臣の大名だよ。

ふーん。じゃあ外様大名は？

外様大名は関ヶ原の戦いのころから従った大名だよ。反乱を起こすことを警戒して，江戸から遠い場所に配置されたんだ。

p.167の check! の答え ❶楽市・楽座 ❷刀狩

貿易の振興から鎖国へ

江戸幕府は，積極的に貿易を行った（朱印船貿易）。

⇨キリスト教徒が増加。

⇨島原・天草一揆が起こる。

⇨鎖国の体制を固める。

☆POINT!
鎖国とは，幕府によるキリスト教の禁止，長崎での貿易と外交の独占を政策とする体制だよ。

禁教令 反対！
税も重すぎる！！

神を信じて幕府と戦いましょう！

天草四郎

▶島原・天草一揆

なぜ，キリスト教徒が増えちゃったの？

徳川家康は初め，貿易の利益を重視してキリスト教の布教を黙認していたからだよ。宣教師は貿易船に乗って来日していたんだ。

貿易ってもうかるんだね。

1639年にポルトガル船の来航を禁止して，1641年にオランダ商館を長崎の出島に移して，鎖国の体制が固まったよ。

鎖国下の対外関係

四つの窓口を通じて外国とのつながりがあった。

☆POINT!
朝鮮からは，将軍の代がわりなどに祝いの使節（朝鮮通信使）が日本に派遣されたよ。

清
樺太（サハリン）
蝦夷地
松前藩
朝鮮
江戸
対馬藩
長崎
薩摩藩
オランダ
琉球

●四つの窓口

▶鎖国下で対外的に開かれた窓口

鎖国の体制でも，外国との窓口があったんだ！

中国（清）とオランダが貿易を許された長崎，朝鮮とは対馬藩（長崎県），琉球（沖縄県）とは薩摩藩（鹿児島県），アイヌの人々が暮らす蝦夷地とは松前藩が窓口になったよ。

check! 次の問いに答えよう ♥ ♥ ♥

答えはp.170だよ。

❶ 関ヶ原の戦いのころから徳川家に従うようになった大名を何という？

❷ 朝鮮との貿易を担当したのは何藩？

15 元禄文化と享保の改革

元禄文化の特徴をみてみよう。
また，享保の改革でどのような政策が行われたかをおさえておこう。

三都の繁栄

江戸時代，江戸・大阪・京都は三都と呼ばれた。

▲江戸時代の交通

大阪は「天下の台所」って呼ばれていたよ。

なんで？ コックさんがたくさんいたとか？

商業の中心地だったんだよ。諸藩が置いた蔵屋敷っていう倉庫がたくさんあって，全国から集まった米や特産物が取り引きされたんだ。

料理が流行していたわけじゃないのね…。

> ☆POINT!
> 三都などの都市では，商人が同業者ごとに株仲間という組合をつくったんだ。

徳川綱吉と元禄文化

第5代将軍徳川綱吉のころ，上方（京都・大阪）を中心に元禄文化が栄えた。

> ☆POINT!
> 元禄文化の担い手は，経済力をつけた町人だよ。

第5代将軍の徳川綱吉ってどんな人？

武力ではなく，学問を重視する政治を行ったよ。主従関係を重視する朱子学という学問が広く学ばれたんだ。

松尾芭蕉って知ってる！俳句の人だよね！

そうだね。松尾芭蕉は，東北地方などへの旅をもとに『奥の細道』を書いたよ。

絵画	菱川師宣	浮世絵
文芸	井原西鶴	浮世草子
	近松門左衛門	人形浄瑠璃の脚本
	松尾芭蕉	俳諧（俳句）

▲菱川師宣「見返り美人図」（東京国立博物館）

享保の改革

1716年，第8代将軍徳川吉宗が，幕府の財政を立て直すために享保の改革を始めた。

公事方御定書

人を殺して盗みをした者は，市中引き回しの上で獄門とする。

裁判の基準となる公事方御定書という法律を定める！

新田開発を進めるぞ！

大名は幕府に米を納めよ！ かわりに参勤交代の負担をゆるめよう（上げ米の制）。

徳川吉宗

徳川吉宗って，いろんな政策を行ったのね。覚えきれないよ～！

武士には質素・倹約を命令したよ。あと，民衆の意見を政治に取り入れようと目安箱を設置したんだ。

いい将軍だね～♡

農村の変化

❶ 貨幣が必要に→貧富の差の拡大（地主と小作人）。
❷ 19世紀になると工場制手工業が始まる…大商人が工場をつくり，人を雇って分業で生産。

▲農村では百姓一揆が起こった。

▲都市では打ちこわしが起こった。

これまで農村ではお金を使ってなかったの？

自給自足に近い生活だったよ。でも，農具や肥料を購入するのに貨幣が必要になってきたんだ。

なぜ農民は，百姓一揆を起こしたの？

財政が苦しくなった幕府や藩が，年貢を増やしたからだよ。

check! 次の問いに答えよう ♥ ♥ ♥

答えはp.172だよ。

❶ 武士や町人の生活をもとに浮世草子を書いたのは誰？

❷ 享保の改革を行ったのは誰？

16 学問の発達と幕府政治のくずれ

江戸時代に生まれた新しい学問や化政文化の特徴をおさえよう。
また、寛政の改革や天保の改革で、どのような政策が行われたかもみていこう。

寛政の改革

老中松平定信は、1787年、農村の立て直しと政治の引きしめを目指して寛政の改革を始めた。

出かせぎの農民は、村へ帰りなさい！

ききんに備えて米を蓄えるように！

旗本や御家人が商人からしている借金は帳消し！

朱子学を学びなさい！

松平定信

★ POINT!
松平定信の前の老中田沼意次は、商工業者の力を利用して幕府の財政を立て直そうとしたよ。

新しい学問の発達

国学 18世紀後半、日本古来の精神を学ぶ国学を本居宣長が大成。

蘭学 オランダ語でヨーロッパの学問や文化を学ぶ蘭学が発達。

国学	本居宣長（『古事記伝』）
蘭学	杉田玄白ら（『解体新書』） 伊能忠敬（日本地図）

▶『解体新書』
(photo：Kobe City Museum / DNPartcom)

松平定信は、祖父である徳川吉宗の政治を理想として、寛政の改革を始めたんだ。

おじいちゃんを目指して頑張ったんだね〜！

そうなんだ。でも厳しすぎて、人々の不満が高まったんだ。

鎖国をしているのに、どうしてヨーロッパの学問を学ぶの!?

鎖国下でもオランダとは出島で貿易をしていたって習ったでしょ！

そっか、そうだった…！そ、それより、江戸時代の子どもたちはどこで勉強していたの？

町人や百姓の子は寺子屋で、武士の子は諸藩が設けた藩校で学んでいたよ。

p.171の check! の答え ❶井原西鶴 ❷徳川吉宗

化政文化

19世紀前半，江戸で町人（庶民）を担い手とした化政文化が栄えた。

文学	十返舎一九	『東海道中膝栗毛』
	与謝蕪村，小林一茶	俳諧（俳句）
絵画 （浮世絵）	喜多川歌麿	美人画
	葛飾北斎，歌川広重	風景画

POINT!
葛飾北斎は，富士山の絵をたくさん描いたよ。

▶歌川広重「東海道五十三次」

前に習った，元禄文化との違いは何なの？

元禄文化は江戸時代に上方と呼ばれていた大阪や京都で，化政文化は江戸で栄えたんだ。

浮世絵って，元禄文化でもあったよね。

そうだね。このころの浮世絵は錦絵という多色刷りの版画が始まって，大ブームになったんだ！

天保の改革

老中水野忠邦は，幕府の権力を回復させようと，1841年，天保の改革を始めた。

⇨大名や商人らから反発を受け，2年余りで失敗。

株仲間解散！
ぜいたく禁止！
異国船打払令はやめ！
え〜！
水野忠邦

異国船打払令って何？

日本に近づく外国船の撃退を命じた法令だよ。でもこのころ，中国（清）がイギリスとの戦争（アヘン戦争）で負けたことを知って，この法令をやめにしたんだ。

---

check! 次の問いに答えよう ♥ ♥ ♥

答えは p.174 だよ。

1 松平定信が行った改革は？

（1）享保の改革　　（2）寛政の改革　　（3）天保の改革

2 杉田玄白らが，オランダ語の解剖書を翻訳して出版した本のタイトルは？

17

世界の動きと日本の開国

ヨーロッパやアメリカでは，市民革命や産業革命が起こったよ。
日本では，長く続いた鎖国の体制が終わりを迎えるんだ。

市民革命

17〜18世紀，支配されていた市民たちが，自由や
平等などの権利を求めて**市民革命**を起こした。

イギリス	ピューリタン革命：クロムウェルが指導
	名誉革命：「権利(の)章典」を定める
アメリカ	独立戦争：「独立宣言」を発表
フランス	フランス革命：「人権宣言」発表
	→ナポレオンの時代へ

人は，生まれながらに
して自由で平等だ！

by フランス市民

アメリカの独立戦争って，これも市民革命なの？

そうだよ。これによって成立したアメリカ合衆国では，このあと南北戦争という内戦が起こるんだ。このとき北部を指導して勝利に導いたのがリンカン大統領だよ。

産業革命は，機械の発明や改良によって，社会が大きく変化したことだよ。

へー，機械の発明で社会が変わるんだー。

産業革命

18世紀後半，イギリスで，世界で最初に**産業革命**
が起こった。
⇨**資本主義**という新しい経済のしくみが広がった。

★POINT!
資本主義は，資本家が労働者を雇って，
利益の拡大を目的に生産するしくみだよ。

蒸気機関が改良されて，機械の動力として使われるようになったんだ。

それでどうなったの？

綿織物が工場で安く大量生産されるようになったよ。さらに蒸気船や蒸気機関車がつくられて，交通網が発達したんだ。

p.173の check! の答え ❶(2) ❷解体新書

日本の開国

1853年, ペリーが来航。
➡翌年, 日米和親条約を結び, 開国。

開国
シナサイ!!

ペリー

☆POINT!
下田(静岡県)と函館(北海道)の2港を開き, 長く続いた鎖国の体制は崩れたよ。

日本を開国させるなんて, ペリーって何者?

アメリカから来て, 幕府に日本の開国を要求したよ。4隻の軍艦(うち2隻は蒸気船)を率いていて, 初めて蒸気船を見た日本人は夜もねられないほどビックリしたんだって。

日本に不平等な通商条約

1858年, 大老井伊直弼が日米修好通商条約を結ぶ。
➡貿易が始まる。

不平等な内容

❶アメリカに領事裁判権を認める。
❷日本に関税自主権がない。

▲日米修好通商条約で開かれた5つの港

兵庫(神戸)
新潟
函館
神奈川(横浜)
長崎
(下田は閉鎖された)

☆POINT!
関税自主権は, 輸出入品にかける関税の率を独自に決める権利のことだよ。

アメリカに認めた領事裁判権ってなに?

事件を起こした外国人の裁判を, その国の領事が行う権利だよ。これを認めた日本は, 日本で事件を起こしたアメリカ人を, 日本の法律で裁けなかったんだ。

あと, 関税自主権がなくてどうなったの?

外国から安い綿製品が輸入されて, 日本の生産地は大打撃を受けたんだ。

それで, 日本にとって不平等な条約なんだ…。

---

check!

次の問いに答えよう ♥ ♥ ♥

♥答えはp.176だよ。

❶ フランス革命で発表された宣言を何という?

❷ 1858年にアメリカと結んだ, 日本に不平等な条約を何という?

18 幕府の滅亡と明治維新

ついに江戸幕府が滅亡して、新しい時代（明治時代）が始まるよ。
幕末から明治にかけての改革や社会の変化である明治維新をみていこう。

尊王攘夷運動の広がり

貿易が始まり，日本では尊王攘夷運動が高まった。
⇨攘夷が困難とさとった薩摩藩と長州藩は同盟を結び，やがて倒幕運動へと動き出した。

坂本龍馬
幕府にかわる新たな政府をつくろう！
西郷隆盛（薩摩藩）
木戸孝允（長州藩）
ヨロシク！
1866年，薩長同盟成立。

尊王攘夷運動って何？どんな運動？

天皇を尊び（尊王），外国勢力を排除しよう（攘夷）という運動だよ。

「攘夷が困難とさとった」ってどういうこと？

薩摩藩と長州藩は強い外国の軍隊と戦って，日本から外国を追い出すことはできないと気づいたんだ。

幕府の滅亡と新政府の誕生

大政奉還

お朝廷に政権を返しします。

第15代将軍
徳川慶喜

王政復古の大号令

天皇を中心とする政府の樹立を宣言する！

⭐POINT!
1867年，大政奉還によって，260年余り続いた江戸幕府は滅びたよ。

徳川慶喜は将軍をやめちゃったの？

そうだよ。新政府への参加は認められなかったんだ。

文句言う人いなかったのかな？

いたよ。不満をもつ旧幕府軍が戦いを起こして戊辰戦争が始まった。この戦争は約1年半続いて，新政府軍が勝利したんだ。

p.175の check! の答え ❶人権宣言 ❷日米修好通商条約

明治維新

1. **五箇条の御誓文**…新しい政治の方針を示す。
2. **廃藩置県**…藩を廃止して府県を置く。
3. 古い身分制の廃止…皇族以外はすべて平等に。

五箇条の御誓文（一部）

一．広ク会議ヲ興シ万機公論ニ決スベシ

一．上下心ヲ一ニシテ盛ニ経綸ヲ行ウベシ

一．官武一途庶民ニ至ル迄，各其志ヲ遂ゲ，人心ヲシテ倦マザラシメンコトヲ要ス

もとの藩主 ——→ 県令

▲廃藩置県

> ☆**POINT！**
> 新政府は，中央集権国家をつくりあげようとしていたよ。

中央集権国家ってどんな国家なの？

政府が地方を直接治める国家だよ。江戸時代には，地方は藩主である大名が治めていたよね。

だから藩を廃止したのかー。

県には県令(のちの県知事)，府には府知事が政府から派遣されて，府県を治めたんだ。

富国強兵

明治政府は，欧米諸国に対抗できる強い国をつくるため，富国強兵の政策を進めた。

学制	満6歳以上の男女すべてに小学校教育を受けさせる
徴兵令	満20歳になった男子すべてに兵役を義務づける
地租改正	土地の所有者に税を現金で納めさせる

> ☆**POINT！**
> 地租改正で，税率は地価(土地の値段)の3％とされたよ。

富国強兵ってどんな政策なの？

経済を発展させて国力をつけ(富国)，軍隊を強くすること(強兵)を目指す政策だよ。

じゃあ，徴兵令を出したのは，「強兵」のため？

そのとおり！西洋式の軍隊をつくったよ。そして，それらの政策の実施に必要な国家の財政を安定させるために地租改正を実施したんだ。

---

check！ 次の問いに答えよう ♥ ♥ ♥　　　　答えはp.178だよ。

1. 第15代将軍徳川慶喜が政権を朝廷に返したことを何という？
2. 明治政府が，国の財政を安定させるために行った政策を何という？

19 殖産興業と領土の画定

欧米の技術や文化を取り入れて，日本は大きく変わっていくよ。
近隣の国々と新たな関係を築いていく様子もみてみよう。

殖産興業

政府は，近代産業を育てる殖産興業政策を進めた。
⇨欧米の技術を導入した官営模範工場をつくった。

★ POINT!
輸出の中心だった生糸の増産や品質向上を図るため，群馬県に建設された官営模範工場だよ。

▶ 富岡製糸場

明治政府が進めた富国強兵の政策を覚えてるかな？

えっと，強い軍隊をつくって…。

そう，それは「強兵」のためだね。「富国」ために進めた政策が殖産興業なんだ。

文明開化

明治時代の初め，都市を中心に伝統的な生活が変化し始めた。これを文明開化という。
⇨福沢諭吉らが欧米の思想を紹介。

▲ 明治時代初めの東京の銀座の様子

★ POINT!
れんがづくりの建物やガス灯があるね。馬車や人力車が走っているよ。

なぜ，伝統的な生活が変化したの？

近代国家を目指す政策のために，欧米の文化も取り入れられたからだよ。

欧米風に変化したってことかぁ。

そうだね。福沢諭吉が著した「天は人の上に人をつくらず」で始まる『学問のすゝめ』は多くの若者に読まれたんだ。

あー，それね。聞いたことあるよー！

p.177の check! の答え ❶大政奉還 ❷地租改正

岩倉使節団

不平等条約の改正を目指し，岩倉使節団が欧米諸国に派遣された。

条約改正に
応じてくれるかな～？

改正を目指した不平等条約って，幕末に結んだ日米修好通商条約のこと？

そうだよ。実は幕府は，同じ内容の条約をイギリスなど4か国とも結んでいたよ。でも改正交渉は失敗したんだ。

なぜ？

日本の近代化政策が不徹底という理由だったよ。

新たな外交と国境と領土の画定

1871年，日清修好条規で正式な国交を開く。

1875年，樺太・千島交換条約でロシアとの国境を画定。

ロシア

清

1876年，日朝修好条規で開国させる。

1905年，竹島を島根県に編入。

朝鮮

日本海

竹島

日本

太平洋

1895年，尖閣諸島を沖縄へ編入。

尖閣諸島

琉球諸島

小笠原諸島

1876年，小笠原諸島を領有。

台湾

1879年，琉球藩を廃止して沖縄県を置く。

----- 日本の国境

☆POINT!
樺太・千島交換条約は日本とロシアが結んだ条約で，樺太をロシア領，千島列島を日本領と定めたよ。

国境って，これまで決まってなかったの？

東アジアではあいまいだったんだ。政府は，欧米の近代的な国際関係にならって，国境を明確に定めていくよ。

明治政府は，欧米をお手本に近代化を進めていったんだね。

check! 次の問いに答えよう ♥ ♥ ♥

♥答えはp.180だよ。

① 「富国」実現のため，近代的な産業を育てようとした政策を何という？

② 琉球藩を廃止して置かれた県を何という？

20 立憲政治の始まり

自由民権運動の始まりから，憲法が制定されるまでの流れをおさえよう。
その間に起こった士族の反乱についてもみてみよう。

自由民権運動の始まり

1874年，板垣退助らは，民撰議院設立の建白書を政府に提出し，国会を開くように要求。
⇨自由民権運動が始まった。

政党の結成

自由党	板垣退助
立憲改進党	大隈重信

〈くわしく〉
政府が国会開設を約束すると，板垣退助や大隈重信は，国会開設に備えて政党を結成したよ。

 明治時代の初めは国会がなかったんだ！ 国会ってそんなに大事なの？

もちろん。国民の意見を政治に反映させるために，国民が選んだ議員がつくる国会の開設を政府に要求したんだよ。

 それでどうなったの？

しばらくして政府は，1890年までに国会を開くことを約束したんだ。

士族の反乱

1877年，西郷隆盛を中心に，政府に不満を持つ士族らが西南戦争を起こした⇨政府軍が鎮圧。

▼西南戦争

☆POINT!
このあと，政府への批判は言論によるものが中心になったよ。

自由民権運動と同じころ，士族の反乱が各地で起こったよ。

 西郷隆盛って，薩長同盟で出てきた人だよね。

そうだよ。その後，明治政府内で，朝鮮を武力で開国させようとする征韓論をめぐり対立して，1873年に政府を去ったんだ。

内閣制度と大日本帝国憲法の制定

憲法の準備 伊藤博文はヨーロッパへ行き，主に
ドイツの憲法を調査。帰国後，憲法草案を作成。
⇨1885年，内閣制度をつくり初代内閣総理大臣に。

憲法の発布 1889年，大日本帝国憲法発布。

大日本帝国憲法（一部）
第1条　大日本帝国ハ万世一系ノ天皇之
　　　　ヲ統治ス
第3条　天皇ハ神聖ニシテ侵スベカラズ
第11条　天皇ハ陸海空軍ヲ統帥ス

POINT!
1890年には教育勅語
が発布されて，忠君愛
国の道徳が示されたよ。

帝国議会の開設 1890年に最初の衆議院議員総選
挙が行われ，第1回帝国議会が開かれた。

POINT!
選挙権は直接国税を
15円以上納める満25
歳以上の男子にのみに
与えられたよ。

私たちも選挙権
がほしいわ。

▲選挙の様子

条約改正の実現

①領事裁判権の撤廃…1894年，陸奥宗光外相。
②関税自主権の回復…1911年，小村寿太郎外相。

伊藤博文が，ヨーロッパ
で主にドイツの憲法を調
査したのはなぜ？

政府は，天皇に強い権
限のある憲法をつくろう
としていて，君主権が
強かったドイツの憲法を
参考にしようとしたから
だよ。

それで主権は天皇にある
のね。

たくさん税金を納めてい
ないと，選挙で投票でき
ないなんて，ビックリ！

最初の選挙で選挙権を
得た人は，日本の全人口
の約1％だけだったんだ。

それって少なくない？
しかも女性には与えない
とかひどい!!

そうだね。でも，これで
議会政治が始まり，日本
はアジアで最初の近代
的な立憲制国家になっ
たんだ。

---

check! 次の問いに答えよう ♥ ♥ ♥　　　答えはp.182だよ。

❶ 民撰議院設立の建白書を提出して，自由民権運動の中心となったのは誰？

❷ 大日本帝国憲法の草案の作成の中心となったのは誰？

21

日清戦争と日露戦争

日本は，大国の清やロシアと立て続けに戦争をするよ。
どうして戦争が起こったのか，戦争後各国はどうしたのかをおさえよう。

日清戦争とその後

1894年，朝鮮で起こった反乱（甲午農民戦争）を
きっかけに日清戦争が始まる。

⇨日本の勝利に終わり，下関条約が結ばれた。

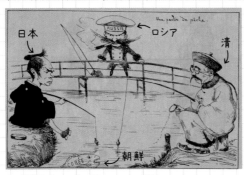

▲日清戦争前の日本・清・ロシアの関係　（川崎市市民ミュージアム）

下関条約 日本は巨額の賠償金と遼東半島や台
湾などを清から獲得した。

⇨ロシアは，ドイツ・フランスとともに，日本に対
して，遼東半島の清への返還を要求（三国干渉）。

⇨対抗する力のなかった日本は受け入れた。

POINT！
日清戦争で獲得した賠償金をもとに，北九州に官営の八幡製鉄所が建設されたよ。

▲下関条約で日本が得たものと清の動き

魚釣りの絵だけど，日本（左）と清（右）が朝鮮（魚）をねらっているの？

正解！このころ，日本と清は，朝鮮をめぐって対立していたんだ。

それで日清戦争になったんだね。橋の上のロシアは何をしているの？

魚（朝鮮）を横取りしようとしているよ。だから日清戦争後に遼東半島が日本領になると，日本の勢力が朝鮮や中国に広がることを警戒したんだ。

それで三国干渉なんだ。このあとどうなったの？

ロシアは，日本が返還した遼東半島の一部を，実質的に支配したよ。

それじゃあ，日本人の間でロシアへの対抗心が高まるね。

p.181の check! の答え ❶板垣退助　❷伊藤博文

日露戦争とその後

1902年，日英同盟を結び，その後，ロシアとさらに対立し，1904年日露戦争が始まった。
⇨アメリカの仲立ちで，ポーツマス条約が結ばれた。

▲日本とロシアをめぐる各国の関係

ポーツマス条約 日本は遼東半島や韓国における優越権などを得た⇨賠償金は得られなかった。

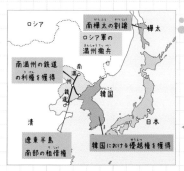

POINT!
日本は韓国への支配を進め，1910年に韓国併合を行ったよ。

◀ポーツマス条約で日本が得たものとロシアの動き

日露戦争では，アメリカとイギリスが日本に味方したんだね。

そう。このころ，イギリスもロシアと対立していたんだ。そこで日本と日英同盟を結んで，ロシアに対抗しようとしたんだよ。

へぇ～。アメリカはどう関係するの？

アメリカも，ロシアが満州で勢力を広めたことに反対してたんだ。

なるほど！それより，ポーツマス条約では賠償金はなかったの？

そうなんだ。それがきっかけで，東京では暴動（日比谷焼き打ち事件）が起こったよ。でも，日露戦争に勝利したことで日本は，列強としての国際的な地位を固めたんだ。

---

check! 次の問いに答えよう ♥ ♥ ♥

答えはp.184だよ。

1 日清戦争後に，三国干渉を中心になって行った国は？

(1) 清（中国）　(2) ロシア　(3) アメリカ

2 日露戦争の講和条約を何という？

第1章　地理：身近な地域の調査／日本の地域的特色　　♥復習 p.142-149

★　次の各問いに答えましょう。

□ ❶ 地形図で，同じ高さのところを結んだ線を何といいますか。　　［　　　　　］

□ ❷ 縮尺が2万5千分の1の地形図上で，2cmの実際の距離は何mですか。［　　　　　］

□ ❸ ⌀は何の地図記号ですか。　　　　　　　　　　　　　　　　　　［　　　　　］

□ ❹ ロッキー山脈や日本列島が連なる造山帯を何といいますか。　　　［　　　　　］

□ ❺ 日本列島の太平洋側を北上する暖流を何といいますか。　　　　　［　　　　　］

□ ❻ 三陸海岸や若狭湾岸にみられる，山地が海に沈みこんでできた複雑な海岸地形を

　　何といいますか。　　　　　　　　　　　　　　　　　　　　　　［　　　　　］

□ ❼ 地震や火山の噴火などの自然災害が起こったときに，被害が出そうなところを予

　　測し，避難経路や避難場所などを示した地図を何といいますか。　［　　　　　］

□ ❽ 自然災害が起こった際に，地域住民同士で互いに助け合うことを何といいますか。

　　　　　　　　　　　　　　　　　　　　　　　　　　　　　　　　［　　　　　］

□ ❾ 右のAのグラフは，ある鉱産資源の日本
　　の輸入先です。この鉱産資源は何ですか。
　　　　　　　　　　　　［　　　　　］

□ ❿ 右のBのグラフは，ある鉱産資源の日本
　　の輸入先です。この鉱産資源は何ですか。
　　　　　　　　　　　　［　　　　　］

ロシア 5.4
その他　サウジ
アラビア
35.8%
クウェート
8.5
カタール
8.8
アラブ首長国連邦
29.7%

カナダ
6.2
その他
ブラジル
26.3
オーストラリア
57.3%

※重量による割合。(2019年)(2020/21年版「日本国勢図会」)

□ ⓫ ビニールハウスなどを利用して，栽培・出荷時期を早める栽培方法を何といいま

　　すか。　　　　　　　　　　　　　　　　　　　　　　　　　　　［　　　　　］

★　（　　　）から最も適するものを選び，記号に〇をつけましょう。

□ ⓬ 川が海や湖に出るところには（ア扇状地　イ三角州）が形成され，水田などに利
　　用されています。

□ ⓭ 太平洋側の気候では，（ア夏　イ冬）に雨が多くなります。

□ ⓮ 現在の日本の人口ピラミッドは（アつぼ型　イつりがね型　ウ富士山型）です。

□ ⓯ 現在の日本の発電の中心は（ア水力発電　イ火力発電　ウ原子力発電）です。

□ ⓰ 魚や貝などをいけすなどの施設を使って大きくなるまで育ててから出荷する漁業
　　を（ア養殖業　イ栽培漁業）といいます。

□ ⓱ 商業は（ア第一次産業　イ第二次産業　ウ第三次産業）の一つです。

第2章　地理：日本の諸地域

復習 p.150-163

★　次の各問いに答えましょう。

□ ❶ 宮崎平野や高知平野でさかんな，ビニールハウスなどの施設を利用して，農作物をほかの地域よりも早い時期に栽培し，出荷する方法を何といいますか。

[　　　　　　　]

□ ❷ 北九州工業地帯（地域）が発展するきっかけとなった，明治時代につくられた官営の製鉄所を何といいますか。

[　　　　　　　]

□ ❸ 若狭湾や志摩半島などに広がる，山地が海に沈みこんでできた複雑に入り組んだ海岸地形を何といいますか。

[　　　　　　　]

□ ❹ 中部地方の中央部に連なる飛驒山脈・木曽山脈・赤石山脈をまとめて何といいますか。

[　　　　　　　]

□ ❺ 茨城県や千葉県などでさかんな，大都市向けに野菜や花などの農作物を栽培する農業を何といいますか。

[　　　　　　　]

□ ❻ 東北三大祭りは，青森ねぶた祭，秋田竿燈まつりともう一つは何ですか。

[　　　　　　　]

□ ❼ 北海道と周辺地域に古くから住んでいる先住民族を何といいますか。

[　　　　　　　]

★　（　）から最も適するものを選び，記号に○をつけましょう。

□ ❽ 熊本県では四大公害病の一つの（ア 四日市ぜんそく　イ イタイイタイ病　ウ 水俣病）が発生しました。

□ ❾ 中国・四国地方のうち，中国山地より北側を（ア 山陰　イ 瀬戸内　ウ 南四国）といいます。

□ ❿ 大阪府と兵庫県に形成されている阪神工業地帯は，（ア 大企業　イ 中小企業）の工場が多いのが特色です。

□ ⓫ 静岡県の沿岸部には（ア 北陸工業地域　イ 東海工業地域　ウ 京葉工業地域）が形成されています。

□ ⓬ 関東地方には日本一流域面積が広い（ア 利根川　イ 信濃川　ウ 石狩川　エ 最上川）が流れています。

□ ⓭ 山形県は日本一の（ア ぶどう　イ もも　ウ さくらんぼ　エ りんご）の産地となっています。

□ ⓮ 北海道の石狩平野は，ほかの土地から良質な土を持ってくる（ア 客土　イ 輪作　ウ 干拓　エ 暗きょ排水）で土地を改良し，稲作がさかんになりました。

第3章　歴史：近世の日本(中世ヨーロッパと安土桃山時代)

★　[ ]内に適する語を入れましょう。

□ ❶ 11世紀末，キリスト教の聖地エルサレムをイスラム勢力から取り戻そうと，ローマ教皇の呼びかけで [　　　　　] の遠征が始まった。

□ ❷ 14世紀のイタリアで，人間の個性や自由を表現しようとした古代ギリシャ・ローマの文化を理想とする新しい文化の動きである [　　　　　] (文芸復興)がおこった。

□ ❸ 16世紀初め，[　　　　　] がドイツで宗教改革を始めた。

□ ❹ 15世紀末，スペインの支援を受けた [　　　　　] が西インド諸島に到達した。

□ ❺ 16世紀の前半に [　　　　　] の船隊が世界一周を達成した。

□ ❻ 1543年，種子島に漂着したポルトガル人によって，[　　　　　] が伝えられた。

□ ❼ 1549年，イエズス会のザビエルが，日本に [　　　　　] を伝えた。

□ ❽ 来日したポルトガル人やスペイン人と行った貿易を [　　　　　] という。

□ ❾ 尾張の戦国大名 [　　　　　] は，長篠の戦いで❻を有効に使って武田氏を破った。

□ ❿ ❾の人物が安土(滋賀県)の城下で行った，市場の税を免除して座を廃止した政策を [　　　　　] という。

□ ⓫ ❾の人物の後継者となった [　　　　　] は，1590年に全国を統一した。

□ ⓬ ⓫の人物が行った，全国の田や畑の面積や土地のよしあしなどを調査し，予想される収穫量を石高で表した政策を [　　　　　] という。

□ ⓭ ⓫の人物が行った，一揆を防ぐために百姓や寺社から刀や弓，鉄砲などの武器を取り上げた政策を [　　　　　] という。

□ ⓮ ❾や⓫の人物に仕えた [　　　　　] は，質素なわび茶の作法を完成させた。

第4章　歴史：近世の日本 (江戸時代)

★　( )から最も適するものを選び，記号に○をつけましょう。

□ ❶ 1600年に徳川家康が石田三成らに勝利した戦いは，(ア 長篠の戦い　イ 関ヶ原の戦い)である。

□ ❷ 江戸幕府は，(ア 武家諸法度　イ 御成敗式目　ウ 公事方御定書)という法律を定めて大名を統制した。

□ ❸ 鎖国の体制が固まったあと，貿易を許可されたヨーロッパの国は，(ア スペイン　イ ポルトガル　ウ オランダ　エ イギリス)である。

□ ❹ 江戸時代，(ア 京都　イ 大阪　ウ 江戸)は，「天下の台所」と呼ばれた。

□ ❺ 18世紀後半に世界で最初に産業革命が起こった(ア イギリス　イ アメリカ　ウ フランス)は，19世紀半ばには「世界の工場」と呼ばれるようになった。

★ ［ ］内に適する語を入れましょう。

□ ❻ 江戸幕府の第3代将軍徳川家光は，大名の妻や子を江戸に住まわせ，大名には1年ごとに江戸と領地を往復させる［　　　　］を制度として定めた。

□ ❼ 1637年，天草四郎を大将に［　　　　］が起こり，幕府は大軍を派遣してしずめた。

□ ❽ 江戸幕府による，キリスト教を禁止し，貿易を統制して外交を独占する体制は，のちに［　　　　］と呼ばれるようになった。

□ ❾ 17世紀末から18世紀初めにかけて，上方の町人を中心に栄えた文化を［　　　　］という。

□ ❿ 江戸幕府の第8代将軍徳川吉宗が行った改革を［　　　　］という。

□ ⓫ 江戸幕府の老中の松平定信が行った改革を［　　　　］という。

□ ⓬ ヨーロッパでは1789年に［　　　　］が始まり，人権宣言が発表された。

□ ⓭ 江戸幕府の老中の水野忠邦が行った改革を［　　　　］という。

□ ⓮ 1854年に日本はアメリカ合衆国と［　　　　］を結び，開国した。

第5章　歴史：近代日本の歩み（明治時代）　復習 p.176-183

★ ［ ］内に適する語を入れましょう。

□ ❶ 1867年に，江戸幕府の第15代将軍である徳川慶喜は政権を朝廷に返した。これを［　　　　］という。

□ ❷ 1868年，明治政府が示した新しい政治の方針を［　　　　］という。

□ ❸ 1873年，満20歳以上の男子に兵役の義務を負わせる［　　　　］が制定された。

□ ❹ 1873年，明治政府は，財政を安定させるために［　　　　］を実施し，土地の所有者に地価（土地の値段）の3％の税を，現金で納めさせることにした。

□ ❺ 欧米の文化が取り入れられ，生活様式が大きく変化したことを［　　　　］という。

□ ❻ 1889年に発布された憲法を［　　　　］という。

□ ❼ 1894年，日本と中国との間で起こった戦争を［　　　　］という。

□ ❽ 1902年，日本とイギリスは［　　　　］を結び，ロシアに対抗した。

□ ❾ 1904年，日本とロシアとの間で起こった戦争を［　　　　］という。

★ （ ）から最も適するものを選び，記号に○をつけましょう。

□ ❿ 1874年，（ア 大隈重信　イ 西郷隆盛　ウ 板垣退助）らが，民撰議院設立の建白書を政府に提出して国会の早期開設を要求し，自由民権運動が始まった。

□ ⓫ （ア アメリカ　イ ロシア　ウ イギリス）はドイツやフランスを誘い，日本が❼の戦争の講和条約で獲得した遼東半島の返還を要求してきた。これを三国干渉という。

□ ⓬ ❾の戦争の講和条約を（ア ポーツマス条約　イ 下関条約　ウ 樺太・千島交換条約）という。

パンがないなら
お菓子を食べればいいのに
by マリー＝アントワネット

天は人の上に
人をつくらず
人の下に人を
つくらず
by 福沢諭吉

板垣死すとも
自由は死せず
by 板垣退助

絶対は
絶対にない
by 織田信長

Girl's Life

ガールズライフコラム

Column

現代に残された，
歴史上の人物たちの
言葉がずらり☆

人生の９９％が
不幸だとしても，
最期の１％が
幸せならば，
その人の人生は
幸せなものに変わる
by マザー＝テレサ

失敗したことが
ない人は，何ひとつ
新しいことに
挑戦しなかった人だ
by アインシュタイン
（物理学者）

我が辞書に
"不可能"の
文字はない
by ナポレオン
（フランス皇帝）

「目には目を」では，
世界を盲目にする
だけだ
by ガンディー

鳴かぬなら鳴くまで待とう
ほととぎす
by 徳川家康

※後に別の人物が家康のことをよんだ歌，という説もあ

CECIL McBEE

Study Collection

Japanese

♥

国語の勉強が始まるよ。

活用形

単語の活用・活用形の基礎を身につけよう。

単語の活用表

あとに続く言葉によって、単語の形が変化することを、活用という。単語が活用してできる形を活用形といい、次の①〜⑥の6種類がある。

形容動詞	形容詞	動詞	
活発だろウ	早かろウ	歩かナイ／歩こウ	①未然形
活発だっタ／活発でナイ／活発にナル	早かっタ／早うゴザイマス／早くナル	歩きマス／歩いタ	②連用形
活発だ	早い	歩く	③終止形
活発なトキ	早いトキ	歩くトキ	④連体形
活発ならバ	早けれバ	歩けバ	⑤仮定形
○	○	歩け	⑥命令形

○は活用形がないことを表す。

POINT!
活用する自立語は
動詞・形容詞・形容動詞の
3種類。

「〜ナイ」を付けたときに形が変わったら、活用する品詞だよ。

「読む」に「〜ナイ」を付けると、「読まナイ」になるから活用する！

POINT!
活用するときに変わらない部分を 語幹、
変わる部分を 活用語尾 という。

	語幹	活用語尾
	読	まナイ
	読	みマス
	読	む。
	読	めバ

「似る」「寝る」などのように、語幹と語尾の区別ができない語もあるよ。

活用させてみよう！
ケーキを「焼く（動詞）」と「おいしい（形容詞）」

①未然形
焼かナイ
焼こウ

①未然形
おいしかろウ

②連用形
おいしかっタ
おいしくナル
おいしゅうゴザイマス

②連用形
焼きマス
焼いタ

③終止形
焼く。

③終止形
おいしい。

④連体形
焼くトキ

④連体形
おいしいトキ

⑤仮定形
焼けバ

⑥命令形
焼け。

⑤仮定形
おいしけれバ

⑥命令形
○

答えはp.192だよ。

check!　次の文の中で活用する語を〈例〉のように
　　　　　◯で囲んでみよう ♥ ♥ ♥

〈例〉　私が（焼く）ケーキは（おいしい）。

❶ 父は、歩くのが速い。

❷ 鳥は、空を自由に飛ぶ。

2 動詞

活用する自立語（用言）の一つ、動詞を理解しよう！

動詞は「どうする（動作）」・「どうなる（作用）」・「ある（存在）」などを表して、言い切りの形（終止形）が必ずウ段の音になる。

動詞の活用の種類

活用形	五段活用	上一段活用	下一段活用	カ行変格活用	サ行変格活用
基本形	書く	降りる	やせる	来る	する
語幹	か	お	や	○	○
未然形（ナイ・ウ・ヨウに続く）	こか	り	せ	こ	させし
連用形（マス・タに続く）	いき	り	せ	き	し
終止形（言い切る）	く	りる	せる	くる	する
連体形（トキに続く）	く	りる	せる	くる	する
仮定形（バに続く）	け	りれ	せれ	くれ	すれ
命令形（命令して言い切る）	け	りりよ りろ	せよ せろ	こい	せよ せしろ

上一段、下一段って何??

ア、イ、ウ、エ、オのウ段を基準に考えているんだよ。ウ段より一段上のイ段で活用するから、上一段活用。「着る」「起きる」などがそうだよ。そして、ウ段より一段下のエ段で活用するから下一段活用。「食べる」「寝る」などがそうだよ。

なるほど！　でも活用の種類が**5種類**もあるなんて…。動詞はたくさんあるし、見分けられないよ。

でも、カ変は「来る」だけ、サ変は「する」「～する」しかないんだよ！

そうなんだ!!　でも、そのほかの活用の種類は…どうやったらわかるの？

実は、とっておきの見分け方があるんだ　次のページへ、ゴー！

五段活用…活用語尾が、アイウエオの五段の音に変化。
上一段活用…すべての活用語尾に、イ段の音が入り、変化。
下一段活用…すべての活用語尾に、エ段の音が入り、変化。
カ行変格活用…カ行の音で、変則的に変化。
サ行変格活用…サ行の音で、変則的に変化。

p.191の check! の答え ❶父は、歩くのが速い。　❷鳥は、空を自由に飛ぶ。

192

活用の種類の見分け方

見分けたい動詞に「ない」を付けてみて、「ない」の直前の音で見分ける。

- ア段なら五段活用　　**例** 行く→行か（ア）ない
- イ段なら上一段活用　**例** 起きる→起き（イ）ない
- 工段なら下一段活用　**例** 答える→答え（エ）ない

自動詞・他動詞

ほかへの動作・作用を表す。
「〜を」という目的語が必要！

自動詞 ←　対応関係　→ **他動詞**

主語の動作・作用を表す。

例 火が 消える 。　←　　　　→　火を 消す 。

可能動詞

もとの動詞 ── 五段活用の動詞を「〜できる」の意味をもった下一段活用の動詞に変形。 → **可能動詞**

例 買う・泳ぐ　　　　　　　　　　　　　　　　　　買える・泳げる
　　持つ・飛ぶ　　　　　　　　　　　　　　　　　　持てる・飛べる

---

check!　　次の問いに答えよう ♥ ♥ ♥　　　　♥ 答えはp.194だよ。

❶「買う」の活用の種類は何？

❷「会う」「遊ぶ」を可能動詞に変えると？　会う→（　　）　遊ぶ→（　　）

3 形容詞・形容動詞

活用する自立語（用言）の形容詞、形容動詞を理解しよう！

形容詞は言い切りの形が必ず「い」、形容動詞は、必ず「だ・です」。どちらも「どんなだ（性質・状態・感情）」を表す。

形容詞活用表

明るい

基本形 語幹	続き方	活用形
あかる		
かろ	ウに続く	未然形
く / かっ / う	タ・ナイ・ナルに続く	連用形
い	言い切る	終止形
い	トキに続く	連体形
けれ	バに続く	仮定形
○	命令して言い切る	命令形

連用形は3種類

命令形がない

形容動詞活用表

素敵です	素敵だ	基本形 語幹 続き方	活用形
すてき	すてき		
でしょ	だろ	ウに続く	未然形
でし	に・で・だっ	タ・ナイ・ナルに続く	連用形
です	だ	言い切る	終止形
（です）	な	トキに続く	連体形
○	なら	バに続く	仮定形
○	○	命令して言い切る	命令形

「だ」の連用形は3種類

「です」の形には仮定形がない

命令形がない

「かろ・かっ・く・う・い・い・けれ・○」と覚えよう！

「だろ・だっ・で・に・だ・な・なら・○」と覚えよう！

例えば、「プレゼント」で思いつく形容詞は？

「欲しい」「大きい」「かわいい」「もらえない」のはいや！

「もらえない」は、動詞（可能動詞）「もらえる」＋助動詞「ない」（→p.202）だから、形容詞じゃないよ。

じゃあ、形容動詞は？

「にぎやかだ」「素敵だ」「ゴージャスです」

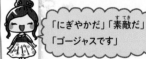

「にぎやかだ」は和語、「素敵だ」は漢語＋だ、「ゴージャスです」は外来語＋です。形容動詞の基本的な形はこの3種類だよ。

p.193の check! の答え ❶五段活用 ❷会える・遊べる

形容動詞の語幹

形容動詞は語幹だけで用いられることがある。

例 まあ、にぎやか。 あら、すてき。

形容動詞とその他の品詞の見分け方

「〜な＋名詞」の形に言い換えて、自然につながれば形容動詞。一方、「〜だ」という形には、「名詞＋助動詞（だ）」（→p.203）もある。

例 このかばんは大切だ。　　　　　　例 私の日課は買い物だ。

↓　　　　　　　　　　　　　　　　↓

○ 「大切なかばん」　　　　　× 「買い物な日課」

↑　　　　　　　　　　　　　↑

自然につながるので、形容動詞。　自然につながらないので、名詞＋助動詞「だ」

見分け方はもう一つあるよ。
「〜だ」の前に
「とても」を入れてみて。

「このかばんはとても大切だ。」
「私の日課はとても買い物だ。」

「とても〜だ」という形になっても意味が通れば形容動詞！

なるほど！
「とても大切だ」とは言っても、
「とても買い物だ」とは
言わないね。
「大切だ」が形容動詞だ♪

---

check! 次の問いに答えよう ♥ ♥ ♥ 　　　答えはp.196だよ。

❶ 「クマはかわいかった。」〰〰〰線部の活用形は？

❷ 「クマは動物だ。」「クマは元気だ。」どちらの〰〰〰線部が形容動詞？

助詞①

付属語には助詞と助動詞の2種類があるよ。
ここでは助詞の特徴を覚えよう。

助詞

活用しない付属語。語と語の関係を示したり、意味を付け加えたりする。

付属語 ┬ 助 詞（活用しない） ┬ 格助詞
　　　　│　　　　　　　　　　├ 終助詞
　　　　│　　　　　　　　　　├ 接続助詞
　　　　└ 助動詞（活用する）└ 副助詞

付属語で活用しないのが助詞ね！

助詞は4種類。一つ一つ見ていこう。

格助詞

主に体言に付いて、文節と文節の関係を示す。

が	例 友達が来る。[主語]
を	例 雑誌を買う。[対象]
に	例 友達に連絡する。[相手]
で	例 食パンでフレンチトーストを作る。[材料]
へ	例 沖縄へ行きたい。[方向]
より	例 私は彼より背が高い。[比較の基準]
から	例 明日から定期テストだ。[起点]
や	例 勉強や部活。[並立]
と	例 「はい。」と答える。[引用] 例 ケーキとクッキー。[並立]
の	例 英語の本がほしい。[連体修飾語] 例 私の作ったケーキ。[主語]

格助詞だけで、こんなにあるなんて信じられない〜。

大丈夫大丈夫!! 格助詞は全部で10種類。「鬼が戸より出、空の部屋（を・に・が・と・より・で・から・の・へ・や）」って覚えてみて！

からっ

これなら覚えられそう！

p.195の check! の答え ❶連用形 ❷元気だ

終助詞

主に文の最後に付いて、話し手や書き手の気持ちや態度を表す。

主な終助詞

か	例 そろそろ帰ろうか。[勧誘（かんゆう）]	
	例 なぜだろうか。[疑問]	
の	例 いつ宿題をやるの。[質問]	
	例 早く寝るの。[命令]	
かしら	例 私にできるかしら。[疑問]	
ね	例 すてきね。[感動]	
	例 これでよいのですね。[念押し（ねんおし）]	
な	例 遅刻をするな。[禁止]	
	例 早く帰りな。[命令]	
ぞ	例 きれいになったぞ。[強調]	

「何かしらね。」
のように終助詞が2語以上
重なるパターンもあるね。

助詞「の」を区別しよう！

文末に付く「の」は
終助詞だね。

・何を買う の 。→終助詞（質問）

・私 の 姉は留学しています。
　　　→格助詞（連体修飾語の働きをする）

check!

次の問いに答えよう ♥ ♥ ♥

♥ 答えはp.198だよ。

❶ 付属語の二つの品詞は、何と何？

❷ 「晴れるだろうか。」この文の中から助詞を抜（ぬ）き出そう。

助詞②

さあ、残る助詞はあと二つ！
接続助詞と副助詞について学習しよう。

接続助詞

主に活用する語（用言や助動詞）に付いて、前
後をつなぐ働きをする。

あれ？
1年で勉強した
「接続詞」と似てない！？

そうだね！

1語だけで前後を
つなぐのが「接続詞」。
活用する語とくっつけて
使うのが「接続助詞」だよ。

なるほどー！
動詞などとくっつけば、
助詞ってわけね。

主な接続助詞

が	例	よく考えたが、わからない。［逆接］
けれど	例	忙しいけれど、部活もがんばる。［逆接］
から	例	暑いから、アイスを食べる。［理由］
ので	例	寝坊したので、遅刻した。［理由］
ば	例	雨が降れば、中止です。［仮定条件］
と	例	今やらないと、だめだよ。［条件］
し	例	かっこいいし、頭もよい。［並立］
て	例	優しくて、かわいい。［並立］
たり	例	歌ったり、踊ったりする。［並立］
ながら	例	歩きながら話す。［同時］
つつ	例	テレビを見つつ、食事する。［同時］

『バッグもいいし、
リュックサックもいい…』

p.197の check! の答え ①助詞、助動詞（順不同）②か

副助詞

いろいろな語句に付いて、意味を付け加える働きをする。

主な副助詞

は	例 マカロンはおいしい。[題目]
	例 私は行かない。[取り立て]
も	例 音楽も好きだ。[同類]
	例 3時間も練習した。[強調]
こそ	例 今度こそがんばろう。[強調]
でも	例 先生でもできない。[類推]
	例 動画でもみよう。[例示]
さえ	例 友達さえいればよい。[限定]
	例 風に加えて、雨さえ降りだした。[添加]
だけ	例 10分だけ寝る。[限定]
ほど	例 1時間ほど休憩する。[程度]
など	例 シールなどで飾る。[例示]

このほかに、すら・のみ・きり・やらなどもあるよ。

「も」と「だけ」の意味の違いがわかるかな??

「私も行かない。」どんな感じがする?

私以外にも誰か行かない人がいるのかなって感じ。

じゃあ「私だけ行かない。」は?

うーん、行かないのは私一人ってことかな!?

正解! 副助詞によって、意味ががらっと変わるね!

---

check!

次の問いに答えよう ♥ ♥ ♥

答えはp.200だよ。

❶ 「彼の家に行ったが、会えなかった。」の「が」は、どんな働き?

❷ 「今日は、寒くない」の「は」の意味は次のどちら? 番号で答えてね。

　1. 題目　2. 取り立て

6 助動詞①

付属語の中で、活用するものを助動詞というよ。
それぞれの意味と特徴(とくちょう)を覚えよう。

助動詞

活用する付属語。用言・体言やほかの助動詞などの
後ろに付いて、意味を付け加える。

助動詞

★れる・られる

受け身 ほかのものから「〜される」	例 友達に呼ばれる。 ➡「呼ぶことをされる」と言い換えられる。
可能 「〜ことができる」	例 どんな場所でも寝(ね)られる。 ➡「寝ることができる」と言い換えられる。
自発 「自然に〜する」	例 将来が思いやられる。 ➡前に「自然に」を補える。
尊敬 「〜なさる」	例 先生が書かれる。 ➡「お書きになる」と言い換えられる。

★ようだ・ようです

推定 「どうやら〜(の)ようだ」	例 電車が遅(おく)れるようだ。 ➡「どうやら遅れるらしい」と言い換えられる。
比喩(ひゆ) 「まるで〜のようだ」	例 美しくて、夢の国のようだ。 ➡前に「まるで」を補える。

「れる・られる」の見分け、難しそう…。

「言い換え」をしてみたらどうかな?

「れる・られる」の場合は…
・受け身→「〜される」
・可能→「〜できる」
・自発→「自然に〜」
・尊敬→「お(ご)〜になる」
と、言い換えたり、補ったりしてみて!

「4種類だけなら覚えられる」は、
→覚えることができる…
あ、可能ね!!

正解一!!!

p.199の check! の答え ❶逆接 ❷2

★た（だ）

過去 「すでに〜した」	例 昨日、デザートビュッフェのお店に行った。 ➡前に「すでに」を補える。
完了 「ちょうど（ついに）〜した」	例 絵が完成した。 ➡前に「ちょうど（ついに）」を補える。
存続 「ずっと〜している」	例 高くそびえた山。 ➡「そびえている」と言い換えられる。

★う・よう

推量 想像・予想する。	例 何か理由があろう。 ➡「多分あるのだろう」と言い換えられる。
意志 決意を表す。	例 明日はテスト勉強しよう。 「勉強するつもりだ」と言い換えられる。
勧誘 相手を誘う。	例 さあ、行こう！ ➡「一緒に」を補える。

接続で見分けよう！

★そうだ・そうです

様態 「〜の様子だ」	例 雨が降りそうだ。 ➡連用形に接続している。
伝聞 「〜と聞いている」	例 雨が降るそうだ。 ➡終止形に接続している。

それぞれの意味は？
Ⓐ晴れそうだ。
Ⓑ晴れるそうだ。

えーっと、「晴れ」は連用形。「晴れる」は終止形だから、Ⓐは様態、Ⓑは伝聞ね！

---

check! 次の問いに答えよう ♥ ♥ ♥ 　　　　答えはp.202だよ。

1 「今、ケーキを作る準備ができた。」の〰〰線部の助動詞の意味は？

2 助動詞「そうだ」の前にくる用言が連用形だと、どんな意味？

7

助動詞②

今回も助動詞を紹介するよ。
品詞の勉強もラストスパート!!!

助動詞の意味

★せる・させる

使役 「ほかの人などに〜させる」	例 妹に 本を読ませる。 └─ 動作をさせる対象。

POINT!
助動詞を二つ以上重ねて使うこともある。

・食べさせたい。(二つ)
・食べさせたいようだ。(三つ)

★たい・たがる

希望	例 ハワイに行きたい。 ➡自分自身の希望 例 弟がジュースを飲みたがる。 ➡自分以外の人の希望

★ない・ぬ(ん)

打ち消し 「〜しない」	例 早起きができない。 例 言わぬが花。

「ない」は助動詞の場合と形容詞(補助形容詞)の場合があるよ。「ぬ」に言い換えて、意味が通れば助動詞。
・よくわからない。
└─助動詞
→○わからぬ。
・それはよくない。
└─補助形容詞
→×よくぬ。

★まい

打ち消し推量 「〜しないだろう」	例 明日、雨は降るまい。 ➡「降らないだろう」と言い換えられる。
打ち消し意志 「〜しないつもりだ」	例 彼には私の秘密を教えまい。 ➡「教えないつもりだ」と言い換えられる。

打ち消し推量は、「〜しない」という予想　打ち消し意志は、「〜しない」という気持ちを表しているよ。

ほかにもこんな助動詞があるよ。

★らしい

推定	例 あの子も来るらしい。 ➡ 「どうやら～ (の) ようだ」と言い換えられる。

★だ・です

断定	例 明日はデートだ。

★ます

丁寧	例 必ず行きます。

答えは p.204 だよ。

check! 次の問いに答えよう ♥ ♥ ♥

1 「弟をソファに座らせる。」の〰〰線部の意味は？

2 「雨にはなるまい。」の〰〰線部の意味は？

203

8 古文の基礎知識

いくつかのルールを覚えると、古文はぐっと読みやすくなるよ。
古文の基礎を知って、古典の世界に近づこう。

歴史的仮名遣い

古文と現代文の仮名遣いでは、表記と読み方に違いがある。

古文での表記	読み方と例
語頭以外の は・ひ・ふ・へ・ほ	わ・い・う・え・お 例 いふ（言ふ）➡いう　　こほり（氷）➡こおり
ゐ・ゑ・を	い・え・お 例 こゑ（声）➡こえ　　をかし➡おかし
ぢ・づ	じ・ず 例 もみぢ➡もみじ　　しづかさ➡しずかさ
くわ・ぐわ	か・が 例 くわじ（火事）➡かじ　　にぐわつ（二月）➡にがつ
au・iu・eu・ou	ô・yû・yô・ô 例 かうべ（頭）➡こうべ　　ちうや（昼夜）➡ちゅうや

> 言葉によっては、左の表のきまりが複数含まれているものもあるよ。
> 「にほひ」➡「におい」
> など……。
>
> 「てふ」や「けふ」は、
> てふ➡てう➡ちょう（蝶）
> けふ➡けう➡きょう（今日）
> と2段階で考えよう！

係り結び

文中に係りの助詞があると、文末が決まった活用形になり、文は強調や、疑問・反語の意味をもつ。

係りの助詞	文末	意味	例（文がもつ意味）
ぞ・なむ	連体形	強調	例 三ところぞ流れたる。（強調） 　　　　　↑「たり」の連体形 【訳】三か所も流れている。
や・か	連体形	疑問・ 反語	例 飽かずやありけむ。（疑問） 　　　　　↑「けむ」の連体形 【訳】飽きたりなかったのだろうか。
こそ	已然形	強調	例 尊くこそおはしけれ。（強調） 　　　　　↑「けり」の已然形 【訳】（誠に）尊くていらっしゃいました。

> 反語は、はっきりと結論が出ているのに、あえて疑問の形をとった表現だよ。
>
> 例 うき世になにか久しかるべき。
> 【訳】世の中に永遠のものなどあるだろうか。いや、ない。

p.203の check! の答え ❶使役　❷打ち消し推量

204

いろいろな古語の意味を知ろう。

古語…古文で使われている言葉のこと。現代では使われていない語や、現代語と意味が異なる語などがある。

いと
とても・たいそう

あはれなり
しみじみとした趣（おもむき）がある

あやし
不思議だ・身分が低い

さうざうし
もの足りない・心寂（こころさび）しい

かなし
かわいい・心引かれる

おぼゆ
思われる・似る

つきづきし
似つかわしい・ふさわしい

つとめて
早朝・その翌朝（よくあさ）

つれづれなり
することがなく退屈（たいくつ）だ

をかし
趣がある・おもしろい

check! 次の問いに答えよう ♥ ♥ ♥　　　♥答えはp.206だよ。

1 「けふ ここのへに にほひぬるかな」を、現代仮名遣いに直すと？

2 係りの助詞「ぞ」があると、文末は何形になる？

9 漢文の基礎知識

漢文をわかりやすく読むためのルールを学習しよう。

漢文

漢文は漢字で書かれた、中国の昔の文章。
- **白文**…漢字だけで書かれたもとの漢文。
- **訓読文**…日本語の文として読みやすくするために返り点・送り仮名・句読点を付けたもの。
- **書き下し文**…訓読文を漢字仮名交じり文に改めたもの。

白文	訓読文	書き下し文
我登山	我登ル山二。	我山に登る。

訓点

訓読文に付ける、**返り点・送り仮名・句読点**のこと。

返り点

① **レ点**…下の一字を先に読み、上に返る。
② **一・二点**…下の二字以上を先に読み、上に返る。
③ **上・下点**…間に一・二点を挟んで、さらに上に返る。

例

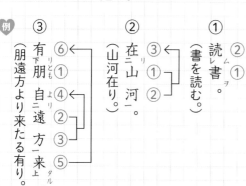

① 読レ書。
（書を読む。）
②
①

② 在二山河一。
（山河在り。）
③←
①
②

③ 有下朋自レ遠方来上タル有り。
（朋遠方より来たる有り。）
⑥←
①
④←
②
③
⑤

漢字の右下に入っている片仮名は何？

送り仮名だよ。もとの漢文にはない日本語の助詞・助動詞・用言の活用語尾などにあたるんだ。

そっかー！日本語の文として読むためには、欠かせないね！

うん。そして、送り仮名は歴史的仮名遣いで表すよ。

p.205の check! の答え ❶きょう ここのえに においぬるかな ❷連体形

書き下し文

訓読文を漢字仮名交じり文に改めたもの。

書き下し文のルール

①漢字の右下に書かれた送り仮名や、日本語の助詞・助動詞にあたる漢字は平仮名にする。

例・助詞…之（の）、与（と）など
・助動詞…不（ず）、也（なり）など

②もとの漢文にあっても、読まない漢字を置き字といい、書き下し文には書かない。

例「而」「於」など。

例①
歳月不待人。
↓「歳月人を待たず。」
→ 助動詞「不（＝ず）」
→ 置き字（読まない）

例②
三十而立。
↓「三十にして立つ。」

送り仮名は、古文で使われている「歴史的仮名遣い」のまま、平仮名に直してね。

例えば「思ッ」だったら「思ふ」って、そのまま平仮名で書けばいいのね。

そうそう！でも声に出して読むときは、「おもう」だからね！

check! 次の問いに答えよう ♥ ♥ ♥

答えはp.208だよ。

❶ 訓読文を日本語の語順で書き直したものを何という？

❷ 下の一字を先に読み、上に返ることを示す返り点を何という？

10 漢詩の基礎知識

昔の日本文化や文学に大きな影響を与えてきた「漢詩」の特徴を覚えよう。

漢詩の形式

漢詩は漢字で書かれた**定型詩**。

句数(行数)と一句(一行)の文字数で形式が分かれる。

絶句…四句(四行)の詩。

　　　・一句が五字…五言絶句

　　　・一句が七字…七言絶句

律詩…八句(八行)の詩。

　　　・一句が五字…五言律詩

　　　・一句が七字…七言律詩

中国の唐の時代は、李白や杜甫のような優れた詩人が多く登場して、多種多様な詩が作られたよ。

漢詩の構成と表現技法

起承転結…絶句の四句の組み立て。

①起句…情景をうたい起こす。

②承句…起句を承けて、展開する。

③転句…内容を一転させる。

④結句…全体をまとめて結ぶ。

対句

言葉の意味や、句の組み立てがつり合った二つの句を並べること。右の詩『絶句』では、①と②が対句。

押韻

決まった位置に同じ韻(同じ響きの音)の字を置くこと。

右の詩『絶句』では、②「然」と④「年」が韻を踏んでいる。

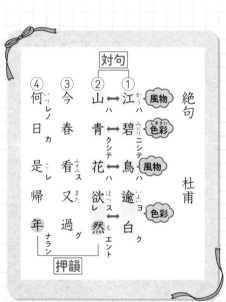

「対句」は意味を強め、印象をきわ立たせる。「押韻」は、詩のリズムを整えるよ。

漢詩の種類と押韻の原則をおさえよう。●が韻を踏む位置！

七言絶句

④ ③ ② ①

七字

四句

五言絶句

④ ③ ② ①

五字

四句

七言律詩

⑧ ⑦ ⑥ ⑤ ④ ③ ② ①

七字

八句

五言律詩

⑧ ⑦ ⑥ ⑤ ④ ③ ② ①

五字

八句

check! 次の問いに答えよう ♥ ♥ ♥

答えは p.210 だよ。

❶ 四句からなり、一句が五字で構成された漢詩の形式は何？

❷ 言葉の意味や、句の組み立てがつり合った二つの句を並べる技法を何という？

第1章 文法 ♡ 復習 p.190-203

★ [　] に適する語を書き入れましょう。

□ ❶ あとに続く言葉によって、単語の形が変化することを [　　　　] という。

□ ❷ 活用するときに単語の形が変わらない部分を [　　　　] という。

□ ❸ 活用するときに単語の形が変わる部分を [　　　　] という。

□ ❹ 活用する自立語で、言い切りの形（終止形）がウ段の音になるのは [　　　　] である。

□ ❺ 動詞の活用は [　　　　] 種類ある。

□ ❻ 活用する自立語で、言い切りの形（終止形）が「い」になるのは [　　　　] である。

□ ❼ 「おいしいケーキが食べたい。」の文の中で、形容詞は [　　　　] である。

□ ❽ ❼の形容詞の活用形は [　　　　] である。

□ ❾ 活用する自立語で、言い切りの形（終止形）が「だ・です」になるのは [　　　　] である。

□ ❿ 「赤いワンピースを華やかに着こなす。」の文の中で、形容動詞は [　　　　] である。

□ ⓫ ❿の形容動詞の活用形は [　　　　] である。

□ ⓬ 付属語には、[　　　　] と助動詞という二つの品詞がある。

□ ⓭ 助詞は、[　　　　]・終助詞・接続助詞・副助詞の四つの種類がある。

□ ⓮ 「一緒に遊びに行こうよ。」という文のうち、終助詞は [　　　　] である。

□ ⓯ 「あれも欲しいし、これも欲しい。」という文のうち、接続助詞は [　　　　] である。

□ ⓰ 副助詞の働きは、意味を [　　　　] ことである。

□ ⓱ 「駅まで歩いていった。」という文のうち、副助詞は [　　　　] である。

□ ⓲ 助動詞「れる・られる」には、受け身・[　　　　]・自発・尊敬の四つの意味がある。

□ ⓳ 「みんなに褒められる。」の「られる」は、[　　　　] の意味の助動詞である。

□ ⓴ 「そろそろバスが到着するようだ。」の「ようだ」は、[　　　　] の意味の助動詞である。

□ ㉑ 「ロゴの入ったTシャツを着る。」という文に含まれている存続の助動詞は、[　　　　] である。

□ ㉒ 「母はこの本を読ませたいらしい。」という文の中に、助動詞は [　　　　] つある。

□㉓「卒業式で、私は絶対に泣く<u>まい</u>。」の「まい」は、打ち消し［　　　　］の意味
　　の助動詞である。

□㉔「私は行く。」という文の「行く」に助動詞「ます」を付けて丁寧^{ていねい}の意味を加える
　　と、「［　　　　］」になる。

□㉕「私は行く。」という文の「行く」に助動詞「ない」を付けて打ち消しの意味を加
　　えると、「［　　　　］」になる。

★　（　）から最も適するものを選び、記号に○をつけましょう。

□㉖ 用言の活用形には、（**ア 基本形　イ 未然形　ウ 已然形　エ 接続**）・連用形・終止
　　形・連体形・仮定形・命令形の6種類がある。

□㉗「私はそっと歩く。」の文の中で、活用する単語は、（**ア 私　イ は　ウ そっと
　　エ 歩く**）である。

□㉘ 形容詞・形容動詞にない活用形は（**ア 連用形　イ 連体形　ウ 仮定形　エ 命令形**）
　　である。

□㉙ 次のうち、五段活用の動詞は（**ア 書く　イ 来る　ウ 着る　エ 化ける**）である。

□㉚ 次のうち、上一段活用の動詞は（**ア 書く　イ 来る　ウ 着る　エ 化ける**）である。

□㉛ 次のうち、カ行変格活用の動詞は（**ア 書く　イ 来る　ウ 着る　エ 化ける**）であ
　　る。

□㉜ 次のうち、下一段活用の動詞は（**ア 書く　イ 来る　ウ 着る　エ 化ける**）である。

□㉝「父はあまり<u>笑わ</u>ない。」の「笑わ」の活用形は（**ア 未然形　イ 連用形
　　ウ 終止形　エ 連体形**）である。

□㉞「彼女が<u>笑え</u>ば、彼^{かれ}も笑う。」の「笑え」の活用形は（**ア 連用形　イ 終止形
　　ウ 連体形　エ 仮定形**）である。

□㉟「祖父は<u>笑う</u>ことが少ない。」の「笑う」の活用形は（**ア 連用形　イ 終止形
　　ウ 連体形　エ 仮定形**）である。

□㊱「授業が<u>始まる</u>。」の＿＿線部は、（**ア 自動詞　イ 形容動詞　ウ 他動詞
　　エ 可能動詞**）である。

□㊲「火を<u>消す</u>。」の＿＿線部は、（**ア 自動詞　イ 形容動詞　ウ 他動詞　エ 可能動詞**）
　　である。

□㊳「火が<u>消える</u>。」の＿＿線部は、（**ア 自動詞　イ 形容動詞　ウ 他動詞　エ 可能動詞**）
　　である。

□㊴「買う」の可能動詞は、（**ア 買おう　イ 買いたい　ウ 買える　エ 買って**）になる。

□㊵ 格助詞は、主に（**ア 接続詞　イ 副詞　ウ 用言　エ 体言**）に付く。

□㊶「これからどこに行く<u>の</u>。」の「の」の品詞は、（**ア 助動詞　イ 助詞　ウ 形容詞
　　エ 副詞**）である。

□ ㊷「次の期末テストはがんばる<u>ぞ</u>。」の「ぞ」は、（**ア** 勧誘（かんゆう） **イ** 禁止 **ウ** 強調 **エ** 疑問）を表す終助詞である。

□ ㊸ 接続助詞の性質は、（**ア** 意味を付け加える **イ** 前後をつなぐ **ウ** 主に文末に付く **エ** 物事の様子・状態・程度を表す）ことである。

□ ㊹「努力した（　　）、失敗した。」の（　　）に当てはまる接続助詞は、（**ア** のに **イ** から **ウ** ので **エ** し）である。

□ ㊺「私には妹<u>も</u>いる。」の「も」は、（**ア** 強調 **イ** 限定 **ウ** 同類 **エ** 例示）を表す副助詞である。

□ ㊻「公園の花が咲き<u>そうだ</u>。」の「そうだ」は、（**ア** 様態 **イ** 比喩（ひゆ） **ウ** 過去 **エ** 伝聞）を表す助動詞である。

□ ㊼「公園の花が咲く<u>そうだ</u>。」の「そうだ」は、（**ア** 様態 **イ** 比喩 **ウ** 過去 **エ** 伝聞）を表す助動詞である。

□ ㊽「明日、一緒（いっしょ）にセールに行こ<u>う</u>。」の「う」は、（**ア** 推量 **イ** 意志 **ウ** 勧誘 **エ** 存続）を表す助動詞である。

□ ㊾ 助動詞「せる・させる」の意味は、（**ア** 受け身 **イ** 自発 **ウ** 使役（しえき） **エ** 打ち消し **オ** 推量）である。

第2章　古典　　♥ 復習 p.204-209 ♥

★　歴史的仮名遣（か な づか）いで書かれた言葉を、現代仮名遣いに直しましょう。

□ ❶ こほり　　　　　　　　　　　　　　　　　　　　　　　［　　　　　　　］

□ ❷ をかし　　　　　　　　　　　　　　　　　　　　　　　［　　　　　　　］

□ ❸ もみぢ　　　　　　　　　　　　　　　　　　　　　　　［　　　　　　　］

□ ❹ いちぐわつ　　　　　　　　　　　　　　　　　　　　　［　　　　　　　］

□ ❺ けふ　　　　　　　　　　　　　　　　　　　　　　　　［　　　　　　　］

★　［　］に適する語を書き入れましょう。

□ ❻ 係（かか）りの助詞「や・か」が文中にあると、その文は［　　　　　］・反語の意味をもつ。

□ ❼ 係りの助詞「こそ」が文中にあると、その文は［　　　　　］の意味をもつ。

□ ❽ 漢字だけで書かれたもとの漢文を、［　　　　　］という。

□ ❾ もとの漢文を日本語の文として読むためにつける訓点とは、返り点・［　　　　　］・句読点のことをいう。

□ ❿ 訓読文を書き下（くだ）し文に直すときは、日本語の助詞にあたる「之（の）」や「与（と）」は［　　　　　］で書く。

□ ⓫ もとの漢文にあっても訓読するときには読まない漢字のことを［　　　　　］という。

□ ⓬ 一句の文字数が五字で、八句からなる漢詩を、［　　　　　］という。

□⑬ 一句の文字数が七字で、四句からなる漢詩を、[　　　　　　　] という。

□⑭ 絶句の四つの句の組み立てを、起・承・[　　　　] ・結という。

□⑮ 漢詩で、決まった位置に同じ韻（音）の字を置くことを [　　　　　　　] という。

★ （ ）から最も適するものを選び、記号に○をつけましょう。

□⑯ 古語「あやし」は（ア かわいい　イ 面白い　ウ 寂しい　エ 不思議だ）という意味をもつ。

□⑰ 古語「いと」は（ア ちょっと　イ とても　ウ 急に　エ ゆっくりと）という意味をもつ。

□⑱ 古語「かなし」は（ア かわいい　イ ふさわしい　ウ つらい　エ おかしい）という意味をもつ。

□⑲ 下の一字を先に読み、すぐ上の一字に返る返り点は、（ア 一・二点　イ 上点　ウ 下点　エ レ点）である。

□⑳ 漢詩で、言葉の意味や句の組み立てがつり合った二つの句を並べることを、（ア 押韻　イ 起句　ウ 対句　エ 絶句）という。

★ 次の訓読文を書き下し文に直しましょう。

□㉔　［　　］　□㉓　［　　］　□㉒　［　　］　□㉑　［　　］

㉔ 有朋自遠方来タル

㉓ 春眠不覚暁。

㉒ 在山河。

㉑ 読書。ヲ

★ 右の漢詩を読んで、答えましょう。

□㉕ 対句になっている句の数字は、
　　［　　と　　］ である。

□㉖ 韻を踏んでいる漢字は、
　　［　　と　　］ である。

絶句　杜甫

❶ 江碧鳥逾白

❷ 山青花欲然

❸ 今春看又過

❹ 何日是帰年

平安時代の夢についての考え方

好きな人が夢に出てくると、うれしいよね。なんだかその日は、一日中ハッピーに過ごせそう。ところで、平安時代と現代ではいろいろ違う点があるんだけど、夢についての考え方もその一つだよ。平安時代には、Ａさんの夢にＢさんが出てきたら、Ａさんは「Ｂさんって、私のことが好きなのね！」って思ったよ。つまり、「自分の夢に出てくる人は、自分のことが好きな人」という考え方だったわけ。面白いよね。

好きな人の夢を見るには

「自分の夢に出てくる人は自分のことが好きな人」という考え方があった一方、やっぱり自分が好きな人の夢を見たいという気持ちは、平安時代の人にもあったよ。好きな人の夢を見るための、まじないもあったんだって。世界三大美女の一人、小野小町は、「あなたが恋しくてたまらない夜は、せめて夢の中であなたと会えるように、着物を裏返して寝るわ」っていう意味の和歌を作ったよ。

いとせめて
恋しきときは むばたまの
夜の衣を かへしてぞ着る

『古今和歌集』554首目に載っているよ！

「1個上」の……？

あめ玉などを数えるとき、「1個、2個」というよね。「個」は、形のあるものを数えるときに使うのが基本。でも便利な言葉だから、いろいろな物事を数えるのに使っちゃうんだよね。例えば、1学年上の先輩を「1個上の先輩」、1学年下の後輩を「1個下の後輩」って言ったりすることも、あるかな。そういうあなた、「1歳上の先輩」や「一つ下の後輩」っていう言いかたも覚えておこうね。

1個上の先輩♡

気になる人に近づく方法

例えば、あなたを含めた何人かで話をしている輪の中に、気になってる男子がいる場合、あなたはどうする？　意識しすぎて、つい無視してしまいがちだけど、みんなに話を振りつつ、彼に「○○くんは？」って聞いてみて。彼が話し始めたら、じっと彼の目を見て聞いてね。だけど、ずっと見つめっぱなしなのも変だから、時々ちょっとそらすのもアリ。「ちゃんと話を聞いてくれてる」と彼に思ってもらえたら、二人の距離は縮まるはず。

○○君は？

CECIL McBEE

Study Collection

答えと解説

♥

\勉強おつかれさま。/

英 語

♥ Check Testの答えと解説 ♥

p.66 第1章 未来の文・助動詞

❶ア ❷イ ❸ウ ❹ウ
❺ has to ❻ won't be ❼ Shall I
❽ Do, have ❾ Will, be[come]／will
❿[例] How long are you going to stay here?
⓫[例] Could you say this word again?

解説 ❶ 「〜してもいいですか」と丁寧に許可を求めるときは, May I 〜?を使う。

❷ 「(一緒に)〜しましょうか」と誘うときは, Shall we 〜?を使う。

❸ 未来のことは, be going to 〜で表す。beは主語によって使い分ける。Heならisを使う。

❹ 「〜しなければなりません」はmustで表す。

❺ 「〜しなければなりません」は空所の数から, have toを使う。主語が3人称単数なのでhas。

❻ 「〜ないでしょう」という未来の予測は, willで表す。will notの短縮形won'tを使う。

❼ 「(私が)〜しましょうか」はShall I 〜?。

❽ have to 〜の疑問文。Doで文を始める。

❾ willの疑問文。Willで文を始める。答えるときもwillを使う。

❿ 期間の長さをたずねるときは, How longを使う。あとにare you going to 〜?という疑問文の形を続ける。

⓫ 「〜していただけませんか」は, Could you 〜?を使う。Would you 〜?などでもよい。

p.66 第2章 不定詞・動名詞

❶イ ❷ウ ❸ウ
❹ finished writing ❺ to go[get]
❻ want to be[become]
❼ He had no time to watch TV.
❽ Playing video games is fun.
❾[例] Do you have anything to eat?
❿[例] What did you do to be a teacher?

解説 ❶ 「〜することが好き」はlike to 〜で表す。

❷ 「〜するために」と目的を表すときは, 〈to＋動詞の原形〉を使う。

❸ 〈to＋動詞の原形〉は, 名詞をうしろから説明して, 「〜するための」の意味でも使う。

❹ 「〜し終える」はfinishのあとに, 動詞のing形を続ける。to 〜はこない。

❺ 「〜するために」なので, to 〜の形を使う。toのあとの動詞はいつでも原形にする。

❻ 「〜になりたい」はwant to be 〜で表す。

❼ 名詞(time)のあとに, to watch TVと続けることに注意。「時間がない」はhave no time。

❽ 動詞のing形は, 文の主語にもなる。

❾ anythingのあとに, 「食べるための」の意味を表すto eatを続ける。

❿ 「〜になるために」はto be 〜で表す。beはbecomeでもよい。文全体は, Whatで始まる一般動詞の過去の疑問文。

p.67 第3章 接続詞

❶ウ ❷イ ❸ア ❹ア
❺ when you have free time
❻ If you're good at English
❼ you think that this question is

解説 ❶ 「私が外に出たとき」と考える。接続詞のwhenを選ぶ。

❷ 「私は〜だと知っている」は, I know that 〜.の形。接続詞のthatを選ぶ。

❸ 「〜なので」と理由を表す文を続けるときは, 接続詞のbecauseを使う。

❹ ifに続く文では, 未来のことでも現在形で表す。be動詞の現在形のisを選ぶ。

❺ 「暇な時間を持っているとき」と考える。whenのあとに, you have free timeと続ける。

❻ 接続詞ifの文は, 文の前半にくることもある。「〜が得意だ」はbe good at 〜で表す。

❼ 接続詞thatのあとにthinkの目的語となる文(ここではthis question is difficult)を続ける。

p.68 第4章 いろいろな文

❶ looked ❷ show us ❸ There was
❹ became popular ❺ gave her

⑥ Ms. Hill teaches us English.
⑦ Are there any museums in this city?
⑧ [例] Could you tell me your e-mail address?
⑨ [例] How many girls are there in this class?−About twenty (girls).

解説 **❶** 〈look＋形容詞〉で「～に見える」の意味。
❷ 「(人)に(物)を見せる」は〈show＋人＋物〉。「私たちに」はusの形を使う。
❸ 「～がある」はThere is[are] ～.を使う。過去の文なので、be動詞をwasにする。
❹ 〈become＋形容詞〉で「～になる」の意味。
❺ 「(人)に(物)をあげる」は〈give＋人＋物〉。「彼女に」はherの形を使う。
❻ 「(人)に(物)を教える」は〈teach＋人＋物〉。
❼ 「～はありますか」は、Is[Are] there ～?。
❽ 「(人)に(物)を教える」は〈tell＋人＋物〉で表す。Would you ～?などを使ってもよい。
❾ 「～には何人いますか」は、How manyで始めて、are there ～?を続ける。

p.68 **第5章　比較の文**

❶ hotter　**❷** easiest　**❸** better
❹ most useful　**❺** older than, one
❻ the earliest in　**❼** more famous
❽ the best　**❾** as fast as
❿ [例] Which do you like better, English or math?
⓫ [例] What[Which] animal is the most popular in this class?

解説 **❶❸** あとにthanがあるので、比較級にする。hotの比較級はhotterとなる。wellは不規則に比較変化する語。well−better−bestとなる。
❷❹ 前にthe、あとにof ～、in ～とあるので、最上級にする。easyの最上級はeasiestとなる。usefulの最上級は、前にmostをつける。
❺ oldの比較級はolder。3番目の空所には、代名詞のone(またはbook)を入れる。
❻ 最上級の文。「家族の中で」はin my family。
❼ 比較級の文。famousの比較級は前にmoreをつける。

⑧ 「Aがいちばん好き」は、like A the bestの形。
⑨ 「…と同じくらい～」はas ～ as …で表す。asとasの間は変化しないもとの形(原級)が入る。
⑩ 「AとBではどちらのほうが好きか」は、Which do you like better, A or B?で表す。
⑪ 「何の(名詞)がいちばん～ですか」はWhat[Which] (名詞) is the 最上級 …?で表す。

p.69 **第6章　受け身**

❶ visited　**❷** spoken　**❸** read
❹ is loved　**❺** was built　**❻** wasn't used
❼ [例] When was this book written?

解説 **❶～❸** 受け身の文で、be動詞のあとに続くのでいずれも過去分詞に変える。
❷❸ 不規則動詞の過去分詞。❸は原形とつづりは同じだが、発音が[red レッド]。
❺ 「建てる」はbuildで、過去分詞はbuilt。過去の文なので、be動詞はwas。
❻ 受け身の否定文は、be動詞のあとにnotを入れる。空所の数からwasn'tに。
❼ When(いつ)で文を始め、受け身の疑問文を続ける。「書かれた」はwriteの過去分詞written。

p.69 **第7章　現在完了形**

❶ have lived　**❷** never seen[watched]
❸ has, done[finished]
❹ [例] Have you ever been to Canada?
❺ [例] I've[I have] known them for a long time.

解説 **❶** 「継続」の文。「住んでいる」なので、have livedで表す。
❷ 「経験」の文。I'veはI haveの短縮形。「一度も～ない」はneverで表す。「(映画を)見る」はseeで、過去分詞はseen。
❸ 「完了」の文。主語がHeなので、hasを使うことに注意。
❹ 現在完了形の疑問文はHave[Has]で文を始める。「～へ行ったことがある」はhave been to ～。
❺ 「～を知っている」はknowで、過去分詞はknown。「長い間」はfor a long time。

数 学

❤ **check!の解説** ❤

p.73 ❶ $2xy^2$ は3次，$-xy$ は2次，$6y$ は1次。

❷ (1) $2x-6x+5y+2y=-4x+7y$

(2) $x-2xy+5x+3xy=x+5x-2xy+$
   $3xy=6x+xy$

(3) $7a^2+3a-a^2-9a=7a^2-a^2+3a-9a$
   $=6a^2-6a$

p.75 ❶ (1) $4x-20y-6x+21y=4x-6x-20y+$
   $21y=-2x+y$

(2) $14x^2 \times 2y^2 \times \dfrac{1}{7xy}=4xy$

❷ $3(a+2b)-2(9a+b)=-15a+4b$
   $a=\dfrac{2}{5}$，$b=-4$ を代入して，
   $-15 \times \dfrac{2}{5}+4 \times (-4)=-22$

❸ $4x-3y=8$，$-3y=8-4x$
   $3y=4x-8$，$y=\dfrac{4x-8}{3}$

p.77 ❶ $\begin{cases} y=-6x+20 & \cdots ① \\ 7x-2y=36 & \cdots ② \end{cases}$
   ②に①を代入して，$7x-2(-6x+20)=36$，
   $7x+12x-40=36$，$19x=76$，$x=4$
   $x=4$ を①に代入して，$y=-6 \times 4+20=-4$

❷ $\begin{cases} 3x+4y=-9 & \cdots ① \\ 5(2x-y)+8y=32 & \cdots ② \end{cases}$
   ②を整理して，$10x+3y=32 \cdots ②'$
   $\quad\quad 9x+12y=-27 \quad \cdots ① \times 3$
   $\underline{-)40x+12y=128 \quad \cdots ②' \times 4}$
   $\quad -31x \quad\quad =-155$，$x=5$
   $x=5$ を①に代入して，
   $3 \times 5+4y=-9$，$y=-6$

❸ $\begin{cases} y=9x-15 & \cdots ① \\ \dfrac{x}{8}+\dfrac{y}{6}=\dfrac{3}{4} & \cdots ② \end{cases}$
   ②を24倍して，$3x+4y=18 \quad \cdots ②'$
   ②'に①を代入して，$3x+4(9x-15)=18$
   $3x+36x-60=18$，$39x=78$，$x=2$
   $x=2$ を①に代入して，$y=9 \times 2-15=3$

❹ $3x-7y=4x-y=25$ を，2つの式に分ける。
   $3x-7y=25 \cdots ①$，$4x-y=25 \cdots ②$

$28x-7y=175 \quad \cdots ② \times 7$
$\underline{-) \quad 3x-7y=25 \quad \cdots ①}$
$\quad 25x \quad\quad =150$，$x=6$
$x=6$ を②に代入して，$4 \times 6-y=25$，$y=-1$

p.79 ❶, ❷ 1次関数 $y=ax+b$ の a が変化の割合。

❷ $x=-5$ のとき，$y=-3 \times (-5)-1=14$
   $x=2$ のとき，$y=-3 \times 2-1=-7$
   よって，$-7 \leqq y \leqq 14$

p.81 ❶ $y=3x+b$ とおき，$x=-6$，$y=-4$ を代入
   すると，$-4=3 \times (-6)+b$，$b=14$
   よって，$y=3x+14$

❷ $y=-6x+b$ とおき，$x=-3$，$y=9$ を代入す
   ると，$9=-6 \times (-3)+b$，$b=-9$
   よって，$y=-6x-9$

❸ 傾きは，$\dfrac{-13-(-1)}{2-5}=4$
   $y=4x+b$ に，$x=5$，$y=-1$ を代入して，
   $-1=4 \times 5+b$，$b=-21$
   よって，$y=4x-21$

❹ 傾きは，$\dfrac{-4-(-8)}{-5-3}=-\dfrac{1}{2}$
   $y=-\dfrac{1}{2}x+b$ に，$x=3$，$y=-8$ を代入して，
   $-8=-\dfrac{1}{2} \times 3+b$，$b=-\dfrac{13}{2}$
   よって，$y=-\dfrac{1}{2}x-\dfrac{13}{2}$

p.83 ❶ 下の図のように，ℓ，m に平行な直線をひく。
   $\angle x=180°-105°=75°$
   $\angle y=65°+45°=110°$

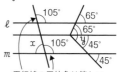

平行線の同位角は等しい

❷ (1) $\angle x+35°=60°$
   $\angle x=60°-35°=25°$

(2) 多角形の外角の和は360°だから，
   $360°-\{115°+60°+(180°-80°)\}=85°$

❸ $180° \times (9-2)=1260°$

p.85 ❶ ア，イ…問題文からわかることを書く。
   ウ…角は，対応する頂点の順に書く。
   エ…①～③でいえる三角形の合同条件を書く。

p.87 ❶ (1) $\angle x=180°-(115°+40°)=25°$

(2) $\angle y+85°=180°-60°=120°$
   $\angle y=120°-85°=35°$

❷ (1) 対角線が垂直に交わるから，ひし形。

(2)　対角線が垂直に交わり，長さが等しい
から，正方形。

p.89 ❶ (1)　さいころの出る目の数は全部で6通り。
偶数の目は2，4，6の3通りなので，確
率は，$\dfrac{3}{6}=\dfrac{1}{2}$

(2)　4の約数は，1，2，4の3通り。4の約
数になる確率は，$\dfrac{3}{6}=\dfrac{1}{2}$ だから，4の約
数にならない確率は，$1-\dfrac{1}{2}=\dfrac{1}{2}$

❷ (1)　2枚のカードの取り出し方は，
(1，2)，(1，3)，(1，4)，(1，5)，(1，6)，
(2，3)，(2，4)，(2，5)，(2，6)，(3，4)，
(3，5)，(3，6)，(4，5)，(4，6)，(5，6)
の15通り。
このうち，2枚とも3以下のカードとなる
のは，(1，2)，(1，3)，(2，3)の3通り
だから，確率は，$\dfrac{3}{15}=\dfrac{1}{5}$

(2)　2枚の数の和が9以上になるのは，
(3，6)，(4，5)，(4，6)，(5，6)の4通り
だから，確率は，$\dfrac{4}{15}$

❸ (1)　玉を，赤1，赤2，白1，青1，青2，青
3とおくと，2個の玉の取り出し方は，
(赤1，赤2)，(赤1，白1)，(赤1，青1)，
(赤1，青2)，(赤1，青3)，(赤2，白1)，
(赤2，青1)，(赤2，青2)，(赤2，青3)，
(白1，青1)，(白1，青2)，(白1，青3)，
(青1，青2)，(青1，青3)，(青2，青3)
の15通り。
このうち，1個は白い玉を取り出す場合
は5通りだから，確率は，$\dfrac{5}{15}=\dfrac{1}{3}$

(2)　赤い玉と青い玉を1個ずつ取り出す場
合は6通りだから，確率は，$\dfrac{6}{15}=\dfrac{2}{5}$

p.91 ❶ 箱ひげ図のひげの左端が最小値，ひげの右端
が最大値である。また，箱の左側の縦線が第1
四分位数，真ん中の縦線が第2四分位数，右側
の縦線が第3四分位数である。

♥ Check Test の答えと解説 ♥

p.92　**第1章　式の計算**

❶ $-2x-y$ 　　❷ $-xy-3x$

③ $25x-15y$ 　④ $8a+12b-2c$
⑤ $-7x-4y$ 　⑥ $-5x+4y$
⑦ $13a^2+4a$ 　⑧ $3x$
⑨ $\dfrac{3}{2}ab$ 　⑩ $\dfrac{9}{5}x$
⑪ 80 　⑫ -11 　⑬ $\dfrac{1}{48}$
⑭ $y=\dfrac{1-8x}{9}$ 　⑮ $y=-\dfrac{5}{x}$
⑯ $y=\dfrac{x-3}{2}$ 　⑰ $y=\dfrac{x+1}{2}$

解説 ① $4x-6x-3y+2y=-2x-y$
② $xy-2xy+x-4x=-xy-3x$
③ $5×5x-5×3y=25x-15y$
④ $2×4a+2×6b-2×c=8a+12b-2c$
⑤ $14x×\left(-\dfrac{1}{2}\right)+8y×\left(-\dfrac{1}{2}\right)=-7x-4y$
⑥ $2x-5y-7x+9y=-5x+4y$
⑦ $3a^2+6a+10a^2-2a=13a^2+4a$
⑧ $6xy×2y^2×\dfrac{1}{4y^3}=3x$
⑨ $\dfrac{2}{5}a^2×\dfrac{1}{4ab}×15b^2=\dfrac{3}{2}ab$
⑩ $(-2x^2y)×\dfrac{3}{4}y×\left(-\dfrac{6}{5xy^2}\right)=\dfrac{9}{5}x$
⑪ $\dfrac{5}{6}(3x-12y)=\dfrac{5}{2}x-10y$
これに，$x=4$，$y=-7$ を代入して，
$\dfrac{5}{2}x-10y=\dfrac{5}{2}×4-10×(-7)=10+70=80$
⑫ $2(2x+3y)-5(x+6y)=4x+6y-5x-30y$
$=-x-24y$
これに，$x=-5$，$y=\dfrac{2}{3}$ を代入して，
$-x-24y=-(-5)-24×\dfrac{2}{3}=-11$
⑬ $5a×4a^2b÷10ab^2=5a×4a^2b×\dfrac{1}{10ab^2}=\dfrac{2a^2}{b}$
これに，$a=-\dfrac{1}{4}$，$b=6$ を代入して，
$\dfrac{2a^2}{b}=2×\left(-\dfrac{1}{4}\right)^2×\dfrac{1}{6}=\dfrac{1}{48}$
⑭ $8x+9y=1$，$9y=1-8x$，$y=\dfrac{1-8x}{9}$
⑮ $-3xy=15$，$y=\dfrac{15}{-3x}$，$y=-\dfrac{5}{x}$
⑯ $2(x-2y)=6$，$x-2y=3$，$-2y=3-x$，
$2y=x-3$，$y=\dfrac{x-3}{2}$
⑰ $4x+y=7x-5y+3$，$y+5y=7x+3-4x$
$6y=3x+3$，$y=\dfrac{3x+3}{6}$，$y=\dfrac{x+1}{2}$

第2章 連立方程式

❶	$x=-1, y=3$	❷	$x=-1, y=3$
❸	$x=1, y=5$	❹	$x=1, y=-2$
❺	$x=-3, y=4$	❻	$x=2, y=-2$
❼	$x=3, y=-2$	❽	$x=6, y=1$

❾ $\begin{cases} x+y=10 \\ 80x+130y=950 \end{cases}$

❿ ボールペン…7本　サインペン…3本

解説 ❶ $\begin{cases} y=4x+7 & \cdots① \\ 3x-5y=-18 & \cdots② \end{cases}$

①を②に代入して，
$3x-5(4x+7)=-18, \ -17x=17, \ x=-1$
$x=-1$ を①に代入して，$y=4\times(-1)+7=3$

❷ $\begin{cases} x+4y=11 & \cdots① \\ 2x+y=1 & \cdots② \end{cases}$

$\begin{array}{r} 2x+8y=22 \quad \cdots①\times2 \\ -)\underline{2x+\ y=1 \quad \cdots②} \\ 7y=21, \ y=3 \end{array}$

$y=3$ を②に代入して，$2x+3=1, \ x=-1$

❸ $\begin{cases} y=3x+2 & \cdots① \\ 8x-3y=-7 & \cdots② \end{cases}$

①を②に代入して，$8x-3(3x+2)=-7$
$8x-9x-6=-7, \ x=1$
$x=1$ を①に代入して，$y=3\times1+2=5$

❹ $\begin{cases} 4x-9y=22 & \cdots① \\ 6x+7y=-8 & \cdots② \end{cases}$

$\begin{array}{r} 12x-27y=66 \quad \cdots①\times3 \\ -)\underline{12x+14y=-16 \quad \cdots②\times2} \\ -41y=82, \ y=-2 \end{array}$

$y=-2$ を①に代入して，
$4x-9\times(-2)=22, \ x=1$

❺ $\begin{cases} 3x+4(y-1)=3 & \cdots① \\ 12x+11y=8 & \cdots② \end{cases}$

①を整理して，$3x+4y=7 \ \cdots①'$

$\begin{array}{r} 12x+16y=28 \quad \cdots①'\times4 \\ -)\underline{12x+11y=8 \quad \cdots②} \\ 5y=20, \ y=4 \end{array}$

$y=4$ を①'に代入して，
$3x+4\times4=7, \ x=-3$

❻ $\begin{cases} 5x-2y=14 & \cdots① \\ 0.3x+0.8y=-1 & \cdots② \end{cases}$

$\begin{array}{r} 20x-8y=56 \quad \cdots①\times4 \\ +)\underline{\ 3x+8y=-10 \quad \cdots②\times10} \\ 23x \quad =46, \ x=2 \end{array}$

$x=2$ を①に代入して，$5\times2-2y=14, \ y=-2$

❼ $\begin{cases} y=-5x+13 & \cdots① \\ \dfrac{x}{3}-\dfrac{y}{2}=2 & \cdots② \end{cases}$

②を6倍して，$2x-3y=12 \ \cdots②'$
①を②'に代入して，
$2x-3(-5x+13)=12, \ x=3$
$x=3$ を①に代入して，$y=-5\times3+13=-2$

❽ $x-4y=2=x-10y=2$ を2つの式に分ける。
$x-4y=2 \ \cdots①, \ 2x-10y=2 \ \cdots②$

$\begin{array}{r} 2x-\ 8y=4 \quad \cdots①\times2 \\ -)\underline{2x-10y=2 \quad \cdots②} \\ 2y=2, \ y=1 \end{array}$

$y=1$ を①に代入して，$x-4\times1=2, \ x=6$

❾ ボールペンとサインペンを合わせて10本買う
から，本数の関係より，$x+y=10$
80円のボールペン x 本の代金は $80x$ 円。
130円のサインペン y 本の代金は $130y$ 円。
よって，代金の関係より，$80x+130y=950$

❿ $\begin{cases} x+y=10 & \cdots① \\ 80x+130y=950 & \cdots② \end{cases}$

①を80倍して，$80x+80y=800 \ \cdots①'$

$\begin{array}{r} 80x+\ 80y=800 \quad \cdots①' \\ -)\underline{80x+130y=950 \quad \cdots②} \\ -50y=-150, \ y=3 \end{array}$

$y=3$ を①に代入して，$x+3=10, \ x=7$

第3章 1次関数

❶	-2	❷	$-1\leqq y\leqq2$
❸	$-19\leqq y\leqq9$	❹	2
❺	$(0, -2)$		
❻	$y=2x+1$	❼	$y=-\dfrac{1}{2}x-2$
❽	$y=-x-2$	❾	$y=\dfrac{1}{2}x+4$
❿	$y=2x+12$	⓫	$y=-\dfrac{3}{2}x+\dfrac{13}{2}$

解説 ❷ $x=3$ のとき，$y=\dfrac{1}{3}\times3-2=-1$

$x=12$ のとき，$y=\dfrac{1}{3}\times12-2=2$

よって，$-1\leqq y\leqq2$

❸ $x=-2$ のとき，
$y=-4\times(-2)+1=9$
$x=5$ のとき，
$y=-4\times5+1=-19$

よって，$-19 \leqq y \leqq 9$

❹ x が1増加すると，y は2増加している。

❺ y 軸との交点の x 座標は0，y 座標はグラフより -2 だから，$(0, -2)$

❻ 傾きが2，切片が1の直線だから，$y = 2x + 1$

❼ 傾きが $-\dfrac{1}{2}$，切片が -2 の直線だから，
$$y = -\dfrac{1}{2}x - 2$$

❽ 傾きが -1 だから，$y = -x + b$ とおく。
$x = -5$，$y = 3$ を代入して，
$3 = -(-5) + b$，$b = -2$　よって，$y = -x - 2$

❾ 平行な直線の傾きは等しいから，$y = \dfrac{1}{2}x + b$
とおく。$x = 6$，$y = 7$ を代入して，
$7 = \dfrac{1}{2} \times 6 + b$，$b = 4$　よって，$y = \dfrac{1}{2}x + 4$

❿ 傾きは，$\dfrac{6-(-4)}{-3-(-8)} = 2$
$y = 2x + b$ に，$x = -3$，$y = 6$ を代入して，
$6 = 2 \times (-3) + b$，$b = 12$　よって，$y = 2x + 12$

⓫ 傾きは，$\dfrac{-1-5}{5-1} = -\dfrac{3}{2}$
$y = -\dfrac{3}{2}x + b$ に，$x = 1$，$y = 5$ を代入して，
$5 = -\dfrac{3}{2} \times 1 + b$，$b = \dfrac{13}{2}$　よって，$y = -\dfrac{3}{2}x + \dfrac{13}{2}$

p.94　第4章　図形の調べ方

❶ $\angle x = 50°$，$\angle y = 105°$
❷ $\angle x = 65°$，$\angle y = 115°$
❸ $\angle x = 95°$，$\angle y = 85°$
❹ $540°$　❺ $900°$　❻ $1800°$
❼ $2340°$
❽ ア $\angle ACB$　イ $\angle DCA$　ウ $\angle ABC$
❾ ア BE　イ AD　ウ $\angle ADE$

解説 ❶ 平行線の同位角は等しいから，$\angle x = 50°$
$\angle y = 180° - 75° = 105°$
❷ 三角形の内角の和は180°だから，
$\angle x = 180° - (70° + 45°) = 65°$
$\angle y = 70° + 45° = 115°$
❸ $\angle x = 360° - (80° + 75° + 110°) = 95°$
$\angle y = 180° - 95° = 85°$
❹ $180° \times (5-2) = 540°$
❺ $180° \times (7-2) = 900°$
❻ $180° \times (12-2) = 1800°$
❼ $180° \times (15-2) = 2340°$

p.95　第5章　図形の性質

❶ 二等辺三角形　❷ 正三角形
❸ $\angle x = 70°$，$\angle y = 50°$
❹ $\angle x = 125°$，$\angle y = 25°$
❺ △QAB　❻ △QBO

解説 ❸ $\angle x = 180° - 110° = 70°$
$\angle y = 110° - 60° = 50°$
❹ 平行線の錯角は等しいから，$\angle y = 25°$
$\angle x = 180° - (30° + 25°) = 125°$
❺ 底辺をABとしたとき，△PABと△QABの高さは等しいから，面積も等しくなる。
❻ △PAO = △PAB - △OAB
△QBO = △QAB - △OAB
△PAB = △QABだから，△PAO = △QBO

p.95　第6章　確率

❶ $\dfrac{7}{8}$　❷ $\dfrac{1}{5}$

解説 ❶

上の図より，全部で8通り。3回とも表が出るのは1通りで，全体から3回とも表が出る場合をのぞいて考えるから，$1 - \dfrac{1}{8} = \dfrac{7}{8}$

❷ 5枚のカードから2枚を取り出す選び方は，
$(1, 2)$，$(1, 3)$，$(1, 6)$，$(1, 8)$，$(2, 3)$，
$(2, 6)$，$(2, 8)$，$(3, 6)$，$(3, 8)$，$(6, 8)$
の10通り。
このうち，2つの数字の和が9になるのは，
$(1, 8)$，$(3, 6)$ の2通りだから，確率は，
$\dfrac{2}{10} = \dfrac{1}{5}$

p.95　第7章　データの活用

❶ 最小値…10分，最大値…90分
❷ 第1四分位数…25分，第2四分位数…55分
第3四分位数…70分　❸ 45分

解説 ❸ （四分位範囲）=（第3四分位数）-（第1四分位数）より，$70 - 25 = 45$（分）

理科

♥ **Check Test の答えと解説** ♥

p.136 **第1章　化学変化と原子・分子**

❶ 原子　　❷ 分子　　❸ 元素　　❹ 単体
❺ 化合物　❻ 分解　　❼ 酸化　　❽ 還元
❾ 質量保存の法則　　　❿ 発熱反応
⓫ 吸熱反応　　　　　⓬ $2H_2$
⓭ FeS　　　　　　　⓮ O_2
⓯ 2Cu, CO_2（順不同）⓰ 0.5g
⓱ 4：1　　　　　　　⓲ 4.5g

解説 ❶　それ以上分けることのできない粒子で, 原子という。現在, およそ120種類が知られている。
❷　物質の性質を示す最小単位の粒子である。
❸　元素記号は, アルファベット1文字, または2文字で表される。
❻　加熱による分解を熱分解, 電流を流すことによる分解を電気分解という。
❼❽　酸化と還元は同時に起こる。
❾　化学変化の前後で, 原子の種類と数は変化しないため, 反応の前後で物質全体の質量は変わらない。
❿　物質がもっている化学エネルギーが, 熱としてとり出される。
⓬　水素の化学式はH_2である。水素原子と酸素原子の数が矢印の左右で等しくなるように, H_2は2個にするので, 「$2H_2$」となる。
⓮　燃焼とは, 物質が熱や光を出しながら激しく酸素と結びつく化学変化である。したがって, [ ]には酸素の化学式が入る。
⓯　銅の化学式はCu, 二酸化炭素の化学式はCO_2である。銅原子の数が矢印の左右で等しくなるように, Cuを2個にして, 「2Cu」とする。
⓰　結びついた酸素の分だけ質量がふえるので, 2.5g−2.0g=0.5g
⓱　銅：酸素＝2.0g：0.5g＝4：1
⓲　銅と酸化銅の質量の比は, 2.0g：2.5g＝4：5

銅3.6gから得られる酸化銅の質量をx〔g〕とすると, 3.6：x＝4：5　x＝4.5〔g〕

p.137 **第2章　生物のからだのつくりとはたらき**

❶ 細胞壁, 葉緑体（順不同）❷ 単細胞生物
❸ 消化酵素　❹ 肺胞　❺ 動脈　❻ 血しょう
❼ 腎臓　　　❽ 虹彩　❾ 運動神経
❿ 反射　　　⓫ 道管, 師管　　⓬ 維管束
⓭ 気孔　　　⓮ 光合成, ア　　⓯ 葉緑体
⓰ イ　　　　⓱ 小腸　⓲ 柔毛　⓳ イ, ウ

解説 ❶　液胞, 細胞壁, 葉緑体は, 植物の細胞に特徴的なつくりである。
❷　単細胞生物は, 栄養分のとり入れやなかまをふやすことなどのすべてのはたらきを, 1つの細胞だけで行っている。からだが多くの細胞でできている生物を多細胞生物という。
❸　たとえば, だ液中のアミラーゼという消化酵素は, デンプンを分解する。
❻　血液の成分のうち, 赤血球, 白血球, 血小板は固形で, 血しょうは液体である。
❼　血液中のアンモニアは, 肝臓で尿素につくり変えられたあと, 腎臓でこしとられる。
❽　虹彩のはたらきによってひとみの大きさを変え, 目に入る光の量を調節している。
⓫　道管は茎の内側にある。
⓬　道管と師管が集まって束のようになった部分を維管束という。維管束は, 根, 茎, 葉とつながっている。
⓭　気孔では, 蒸散で水蒸気が出されたり, 光合成や呼吸で二酸化炭素や酸素が出入りする。
⓮　光合成では, 二酸化炭素と水から, デンプンなどの栄養分と酸素ができる。
⓯　葉緑体は, 植物の細胞の中にある緑色の粒で, 光合成が行われる。
⓰　植物は, 1日中呼吸している。呼吸では酸素をとり入れ, 二酸化炭素を出している。
⓳　柔毛の表面から吸収されると, アミノ酸とブドウ糖は毛細血管に入り, 脂肪酸とモノグリセリドは再び脂肪になったあと, リンパ管に入る。

❶ オームの法則　❷ 電力(消費電力)　❸ 直流
❹ 磁界　❺ 磁力線　❻ 強くなる
❼ 電流，磁界（順不同）　❽ 電磁誘導
❾ ①速く　②強い　③多くする
❿ 静電気　⓫ 電子　⓬ 5V
⓭ 60Ω　⓮ 0.3A　⓯ 10.8W
⓰ 3.5A　⓱ 216000J　⓲ 4500Wh
⓳ 30Ω　⓴ 100mA　㉑ 1V

解説 ❶ オームの法則の式は，図で覚えておくとよい。

$V=R×I$

❸ 乾電池からとり出せるような，向きが一定の電流を直流という。また，家庭のコンセントからとり出せるような，向きが周期的に変化する電流を交流という。

❺ 各点に置いた磁針のN極が指す向きを，なめらかな曲線で結んだものが磁力線である。

❽ コイルの中の磁界が変化して電流が流れる現象を電磁誘導といい，このときに流れる電流を誘導電流という。

❾ コイルの中の磁界の変化が大きくなると，誘導電流が大きくなる。

⓬ 電圧＝抵抗×電流＝10Ω×0.5A＝5V

⓭ 抵抗＝電圧÷電流＝12V÷0.2A＝60Ω

⓮ 電流＝電圧÷抵抗＝6V÷20Ω＝0.3A

⓯ 電力＝電圧×電流＝9V×1.2A＝10.8W

⓰ 電流＝電力÷電圧＝350W÷100V＝3.5A

⓱ 電力量＝電力×時間
　　　　　＝1200W×(3×60)s＝216000J

⓲ 電力量＝電力×時間＝900W×5h＝4500Wh

⓳ 直列回路では，全体の抵抗の大きさは，それぞれの抵抗の大きさの和になるので，
　10Ω＋20Ω＝30Ω

⓴ 電流＝電圧÷抵抗＝3V÷30Ω＝0.1A
　　　　　　　　　　　　　　　＝100mA

㉑ 電圧＝抵抗×電流＝10Ω×0.1A＝1V

❶ 400　❷ ア　❸ イ
❹ 低気圧　❺ 温暖前線　❻ イ，エ
❼ オホーツク海気団　❽ 露点
❾ 膨張，下がる　❿ 67%
⓫ 15.2g

解説 ❶ $\dfrac{12N}{0.03m^2}=400Pa$

$1m^2$の面に1Nの力が加わるときの圧力が1Paである。

❷ 力がはたらく面積が大きいほど，圧力は小さくなる。

❸ 大気圧は，あらゆる方向から物体の表面に垂直にはたらいている。

❹ 低気圧には風がふきこむので，中心付近では上昇気流ができる。そのため，雲ができやすい。

❺ 寒冷前線付近で発達するのは積乱雲である。また，前線が通過すると寒気におおわれるので，気温は下がる。

❼ 梅雨前線は，あたたかくしめった小笠原気団と，冷たくしめったオホーツク海気団の勢力がつり合ったときにできる。

❽ 空気中の水蒸気が水滴に変わることを凝結といい，水蒸気が凝結し始める温度を露点という。

❾ 上昇した空気のかたまりは，まわりの気圧が低くなるので膨張し，空気の温度は膨張するにつれて下がっていく。

❿ 湿度＝$\dfrac{空気1m^3中の水蒸気量}{飽和水蒸気量}×100$ より，

湿度＝$\dfrac{6.7g/m^3}{10.0g/m^3}×100=67$

よって，67%

⓫ 空気1m³中の水蒸気量＝飽和水蒸気量×$\dfrac{湿度}{100}$
　　　　　　　　　　＝$30.4g/m^3×\dfrac{50}{100}$
　　　　　　　　　　＝$15.2g/m^3$

社 会

♥ check!の解説 ♥

p.143 ❶ 25000×4cm=100000cm=1000mとなる。

p.161 ❶ やませが吹くと気温が上がらず，日照時間も不足して，冷害が発生することがある。

p.173 ❶ 江戸時代に行われた主な政治改革には，徳川吉宗の享保の改革と，松平定信の寛政の改革と，水野忠邦の天保の改革がある。

p.179 ♥ 殖産興業政策によって建設された官営模範工場の１つである富岡製糸場は，フランス人技師の指導の下，操業を開始した。その建設には，大蔵省の役人だった渋沢栄一がたずさわった。

♥ Check Testの答えと解説 ♥

p.184 第１章 地理：身近な地域の調査／日本の地域的特色

❶ 等高線 ❷ 500m
❸ 果樹園 ❹ 環太平洋造山帯
❺ 黒潮（日本海流） ❻ リアス海岸
❼ ハザードマップ（防災マップ）
❽ 共助 ❾ 石油 ❿ 鉄鉱石 ⓫ 促成栽培
⓬イ ⓭ア ⓮ア ⓯イ ⓰ア ⓱ウ

解説 ❷ ２(cm)×25000＝50000(cm)と計算して求めることができる。

❸ 広葉樹林の地図記号Ｑと間違えないように注意すること。

⓬ 扇状地は，川が山地から平地に出るところに形成される地形で，水はけのよい条件をいかして，果樹園に利用される。

p.185 第２章 地理：日本の諸地域

❶ 促成栽培 ❷ 八幡製鉄所
❸ リアス海岸 ❹ 日本アルプス（日本の屋根）
❺ 近郊農業 ❻ 仙台七夕まつり
❼ アイヌ（の人々）
❽ウ ❾ウ ❿イ ⓫イ
⓬ア ⓭ウ ⓮ア

解説 ❶ 宮崎平野や高知平野では，ピーマンやきゅうりなど野菜の促成栽培がさかんである。

❹ 日本アルプスには3000m級の険しい山々が連なる。

❽ 水俣病が発生した熊本県の水俣市は環境改善に取り組み，環境モデル都市に指定されている。

p.186 第３章 歴史：近世の日本（中世ヨーロッパと安土桃山時代）

❶ 十字軍 ❷ ルネサンス
❸ ルター ❹ コロンブス
❺ マゼラン ❻ 鉄砲
❼ キリスト教 ❽ 南蛮貿易
❾ 織田信長 ❿ 楽市・楽座
⓫ 豊臣秀吉 ⓬ 太閤検地
⓭ 刀狩 ⓮ 千利休

解説 ❸ ルターは，カトリック教会の腐敗を批判し，聖書の教えに戻ろうと主張した。

❽ 南蛮貿易の利益を得ようとした大名の中には，キリスト教の信者になる者もいた。これをキリシタン大名という。

⓬・⓭ 太閤検地と刀狩によって，武士と農民の身分が明確になった。これを，兵農分離という。

p.186 第４章 歴史：近世の日本（江戸時代）

❶イ ❷ア ❸ウ ❹イ ❺ア
❻ 参勤交代 ❼ 島原・天草一揆
❽ 鎖国 ❾ 元禄文化
❿ 享保の改革 ⓫ 寛政の改革
⓬ フランス革命 ⓭ 天保の改革
⓮ 日米和親条約

解説 ❷ ウは江戸幕府第８代将軍の徳川吉宗が制定した，裁判の基準を示した法律。

❹ 諸藩の蔵屋敷が置かれた大阪は，全国の金融や商業の中心地であった。

⓭ 18世紀後半に老中となった田沼意次は，株仲間の結成をすすめて特権を与えるかわりに営業税を納めさせるなど，商工業者の力を利用して幕府の財政を立て直そうとした。いっぽう，水野忠邦は株仲間の解散を命じた。

⓮ この条約によって，下田（静岡県）と函館

（北海道）の２港を開港した。

p.187　第５章　歴史：近代日本の歩み
（明治時代）

❶ 大政奉還　❷ 五箇条の御誓文
❸ 徴兵令　❹ 地租改正
❺ 文明開化　❻ 大日本帝国憲法
❼ 日清戦争　❽ 日英同盟
❾ 日露戦争　❿ ウ　⓫ イ　⓬ ア

解説　❹　それまでは，江戸時代の年貢と同様，収穫高
を基準とした税率で，米で納められていたため，
政府の収入は，その年の収穫高や米価の変動に
よって不安定だった。

　❻　この憲法では主権は天皇にあり，国民は「臣
民」とされ，法律の範囲内で権利が認められた。

　❿　アは，板垣退助が自由党を結成した翌年に立
憲改進党を結成した人物。イは，薩摩藩（鹿児
島県）の藩士で，幕末に薩長同盟を結んで倒幕
で活躍し，明治政府でも重要な地位に就いた。
まもなく政府を去り，1877年に西南戦争を起
こしたが敗れ，自害した。

　⓬　イは，日清戦争の講和条約。この条約で獲得
した賠償金の一部で，北九州に官営の八幡製鉄
所が建設され，1901年に操業が開始された。
ウは，日本とロシアが結んだ条約。樺太をロシ
ア領，千島列島を日本領として国境が画定され
た。

間違えたところは，
よく復習しよう☆

国 語

❤ Check Testの答えと解説 ❤

p.210 **第1章 文法**

❶ 活用	❷ 語幹	❸ 活用語尾
❹ 動詞	❺ 五 (5)	❻ 形容詞
❼ おいしい	❽ 連体形	❾ 形容動詞
❿ 華やかに	⓫ 連用形	⓬ 助詞
⓭ 格助詞	⓮ よ	⓯ し
⓰ 付け加える	⓱ まで	⓲ 可能
⓳ 受け身	⓴ 推定	㉑ た
㉒ 三 (3)	㉓ 意志	㉔ 行きます
㉕ 行かない		
㉖ イ	㉗ エ	㉘ エ
㉙ ア	㉚ ウ	㉛ イ
㉜ エ	㉝ ア	㉞ エ
㉟ ウ	㊱ ア	㊲ ウ
㊳ ア	㊴ ウ	㊵ エ
㊶ イ	㊷ ウ	㊸ イ
㊹ ア	㊺ ウ	㊻ ア
㊼ エ	㊽ ウ	㊾ ウ

解説 ❶ 活用する自立語には「動詞」「形容詞」「形容動詞」の3種類がある。

❷・❸ 「歌う」に「〜ナイ」「〜マス」「〜トキ」「〜バ」「〜ウ」を付けると、「歌わナイ」「歌いマス」「歌う。」「歌うトキ」「歌えバ」「歌おウ」と単語の形が変化する。形が変わらない「歌」を語幹、「わ」「い」「う」「え」「お」と変化する部分を活用語尾という。

❹ 動詞は「どうする（動作）」「どうなる（作用）」・「ある（存在）」などを表し、単独で述語になることができる。

❺ 動詞の活用には「五段活用」「上一段活用」「下一段活用」「カ行変格活用」「サ行変格活用」がある。

❻ 形容詞は「どんなだ（性質・状態・感情）」を表し、単独で述語になることができる。

❽ 形容詞の活用形は「かろ・かっ・く・う・い・い・けれ・〇」と覚えよう。

❾ 形容動詞は「どんなだ（性質・状態・感情）」を表し、単独で述語になることができる。

❿ 形容動詞の活用形は「だろ・だっ・で・に・だ・な・なら・〇」と覚えよう。

⓬ 付属語は、活用しない助詞と、活用する助動詞の2品詞である。

⓭ 格助詞・終助詞・接続助詞・副助詞の四つは助詞を種類分けしたもの。品詞の分類と混同しないようにしよう。

⓮ 「よ」は、話し手や書き手の勧誘の気持ちを表す終助詞。

⓯ 「し」は、「欲しい」という形容詞に付く接続助詞。並立の働きで、前後の文節をつないでいる。

⓱ 「まで」は、ここでは、帰着点を表す働きをしている。

⓲ 助動詞「れる・られる」の四つの意味の識別はよく出題されるので注意。それぞれの意味で、どのように言い換えられるのか、見分け方を覚えておこう。

⓳ 「褒められる」→「褒めることをされる」と言い換えられるので、受け身の意味になる。

⓴ 「(どうやら) バスが到着するらしい」という意味にとらえられるので、比喩ではなく推定の意味になる。

㉑ 「入った」→「入っている」と言い換えられるので、この「た」は存続の意味。

㉒ 「読ま／せ（使役）／たい（希望）／らしい（推定）」と分けられる。

㉓ 「私は絶対に泣くまい」→「私は絶対に泣かないのだ」という気持ちを表している。

㉔・㉕ 助動詞は付属語で、用言や体言、他の助動詞のあとに付く。「行く」という五段活用の動詞を活用させて、助動詞と組み合わせよう。

㉖ あとに続く言葉によって、単語の形が変化することを活用といい、活用してできる形を活用形という。活用形には未然形・連用形・終止形・連体形・仮定形・命令形の6種類がある。

㉗ この文の中で活用するのは動詞である「歩く」。動詞は言い切りの形（終止形）が必ずウ段の音になる。

㉙〜㉜ 「ナイ」を付けて、「ナイ」の直前の音で見分ける。「書かない」の「か」はア段なので五段活用、「着ナイ」の「着（き）」はイ段なので上一段活用、「来る」はカ行変格活用、「化け

㉝ 動詞の場合「ナイ」に続く形は未然形。

㉞ 「バ」に続く形は仮定形。

㉟ 「コト」などの体言に続く形は連体形。

㊱〜㊳ 自動詞と他動詞には、対応関係にあるものが多い。起きる（自）－起こす（他）、落ちる（自）－落とす（他）など。

㊴ 可能動詞は五段活用の動詞が、「〜できる」の意味になるように形を変えたもので、すべて下一段活用となる。

㊶ 活用しない付属語なので助詞。文末に付いて、話し手の気持ちを表しているので終助詞。

㊷ 「ぞ」は文末に付いて、話し手や書き手の気持ちや態度を表す終助詞。

㊹ アは逆接、イ・ウは順接、エは並立を表す。

㊺ 「も」には同類の事物を付け加える働きがある。ここでは「妹」という兄弟の「同類」がいることを付け加えて述べている。

㊻ 動詞「咲く」の連用形に付いているので、様態（〜という様子だ）を表す。

㊼ 動詞「咲く」の終止形に付いているので、伝聞（〜と聞いている）を表す。

㊾ 助動詞「う・よう」には、推量・意志・勧誘の三つの意味がある。ここでは、「（相手に）一緒に〜しよう」という勧誘の意味になる。

p.212　第2章　古典

❶ こおり　　❷ おかし　　❸ もみじ

❹ いちがつ　❺ きょう

❻ 疑問　　　❼ 強調　　　❽ 白文

❾ 送り仮名　❿ 平仮名　　⓫ 置き字

⓬ 五言律詩　⓭ 七言絶句　⓮ 転

⓯ 押韻

⓰ エ　　　　⓱ イ　　　　⓲ ア

⓳ エ　　　　⓴ ウ

㉑ 書を読む。　㉒ 山河在り。

㉓ 春眠暁を覚えず。

㉔ 朋遠方より来たる有り。

㉕ ❶（と）❷　㉖ 然（と）年

※㉕と㉖はそれぞれ順不同。

解説　❶ 歴史的仮名遣いのきまりで語頭以外の「は・ひ・ふ・へ・ほ」は、「わ・い・う・え・お」と読む。

❷ 「ゐ・ゑ・を」は「い・え・お」と読む。

❸ 「ぢ・づ」は「じ・ず」と読む。

❹ 「くわ・ぐわ」は「か・が」と読む。

❺ 「au・iu・eu・ou」は「ô・yû・yô・ô」と読む。

❻・❼ 係りの助詞の「ぞ・なむ・こそ」は強調、「や・か」は疑問・反語を表す。

❾ 白文に訓点を付けたものを訓読文という。

❿ ほかに、片仮名で書かれた送り仮名も、平仮名で書く。

⓬ 「律詩」とは八句（八行）の漢詩。「五言」とは、一句が五字からできているもの。

⓭ 「絶句」とは、四句（四行）の漢詩。「七言」とは、一句が七字からできているもの。

⓮ 起句で情景をうたい起こし、承句で起句を承けて展開し、転句で内容を一転させ、結句で全体をまとめて結ぶ、というのが絶句の組み立て。

⓰〜⓲ 古語には現代では使われていない語や、現代語と意味が異なる語などがある。「あはれなり（＝しみじみとした趣がある）」「おぼゆ（＝思われる・似る）」「つきづきし（＝似つかわしい・ふさわしい）」「つとめて（＝早朝・その翌朝）」「をかし（＝趣がある・おもしろい）」なども覚えておこう。

㉓ 「不」は助動詞として読み、平仮名に直して書く。

㉕ ❶「江」と❷「山」が地形、❶「碧」と❷「青」が色彩、❶「鳥」と❷「花」が生物、❶「逾白」と❷「欲然」が色彩で、それぞれ対応している。

㉖ ❷「然」・❹「年」は、enという音で韻を踏んでいる。

セシルマクビー スタディコレクション 中2 改訂版

- ❤協力　CECIL McBEE　(株)ビリーフ
- ❤編集協力　上保匡代，水島郁，村西厚子，甲野藤文宏，小縣宏行，佐藤美穂，(有)マイプラン，(株)バンティアン，佐野秀好，八木佳子，チームルービック，岩崎美穂，田中裕子
- ❤英文校閲　Joseph Tabolt，Edwin. L. Carty
- ❤デザイン　吉本桂子，長尾紗菜恵 (sandesign)
- ❤本文イラスト　【ガールズ】はしあさこ／【英】miri，椎名菜奈美，古市万紀／【数】はしあさこ，MIWA★／【理】MIWA★／【社】橋本豊，渡邉美里，大橋理沙子／【国】岩崎あゆみ，さがら みゆ，菊地やえ
- ❤写真提供　各写真そばに記載。記載のないものは編集部または学研写真資料課など
- ❤DTP　(株)明昌堂　データ管理コード：22-1772-0222 (CC19)
- ❤図版　(株)明昌堂，木村図芸社

この本は下記のように環境に配慮して製作しました。
・製版フィルムを使用しないCTP方式で印刷しました。
・環境に配慮して作られた紙を使用しています。

読者アンケートのお願い

本書に関するアンケートにご協力ください。下のコードかURLからアクセスし，以下のアンケート番号を入力してご回答ください。当事業部に届いたものの中から抽選で年間200名様に，「図書カードネットギフト」500円分をプレゼントいたします。

- ● アンケート番号：305365
- ● https://ieben.gakken.jp/qr/cecil/

＼あなたの学びをサポート！／

家で勉強しよう。学研のドリル・参考書

Webページや編集部 Twitterでは，最新のドリル・参考書の情報や，おすすめの勉強法などをご紹介しています。ぜひご覧ください。

- ● URL　https://ieben.gakken.jp/
- ● Twitter　@gakken_ieben

CECIL McBEE

Study Planning
Notebook

How to Use　効率的に勉強しよう！

Plan 計画　➡　Do 行動　➡　Record 記録　➡　Review 見直し

１日が始まる前に、その日の目標ややることを書き出しましょう。
計画をもとに行動し、１日の終わりにその結果を記録し、振り返りましょう。

1　今日の日付・曜日を記入しましょう。

5　１日が終わったらトータルの勉強時間を書きましょう。

2　今日の目標などを書きましょう。

3　今日やることをできるだけ具体的に書きましょう。終わったらチェックマークをつけましょう。

6　今日１日を振り返りましょう。

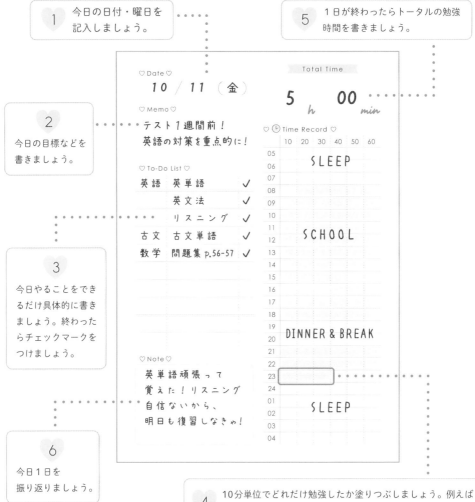

♡ Date ♡
10 ／ 11 （金）

♡ Memo ♡
テスト１週間前！
英語の対策を重点的に！

♡ To-Do List ♡

英語	英単語	✓
	英文法	✓
	リスニング	✓
古文	古文単語	✓
数学	問題集 p.56-57	✓

♡ Note ♡
英単語頑張って
覚えた！リスニング
自信ないから、
明日も復習しなきゃ！

Total Time
5 h　　00 min

♡ 🕐 Time Record ♡
10 20 30 40 50 60

05
06　SLEEP
07
08
09
10
11
12　SCHOOL
13
14
15
16
17
18
19
20　DINNER & BREAK
21
22
23
24
01
02　SLEEP
03
04

4　10分単位でどれだけ勉強したか塗りつぶしましょう。例えば23時から30分間勉強したら図のように塗りつぶしましょう。科目ごとに色分けすると分かりやすくなります。

内容：32ページ（約１か月分）

♡ Date ♡

/   (   )

♡ Memo ♡

♡ To-Do List ♡

♡ Note ♡

Total Time

h   min

♡ 🕐 Time Record ♡

	10	20	30	40	50	60
05						
06						
07						
08						
09						
10						
11						
12						
13						
14						
15						
16						
17						
18						
19						
20						
21						
22						
23						
24						
01						
02						
03						
04						

♡ Date ♡

/   (   )

♡ Memo ♡

h   min

♡ 🕐 Time Record ♡

	10	20	30	40	50	60
05						
06						
07						
08						
09						
10						
11						
12						
13						
14						
15						
16						
17						
18						
19						
20						
21						
22						
23						
24						
01						
02						
03						
04						

♡ To-Do List ♡

♡ Note ♡

♡ Date ♡

/   (   )

♡ Memo ♡

♡ To-Do List ♡

♡ Note ♡

Total Time

h   *min*

♡ 🕐 Time Record ♡

	10	20	30	40	50	60
05						
06						
07						
08						
09						
10						
11						
12						
13						
14						
15						
16						
17						
18						
19						
20						
21						
22						
23						
24						
01						
02						
03						
04						

♡ Date ♡

/ ( )

♡ Memo ♡

h *min*

♡ 🕐 Time Record ♡

	10	20	30	40	50	60
05						
06						
07						
08						
09						
10						
11						
12						
13						
14						
15						
16						
17						
18						
19						
20						
21						
22						
23						
24						
01						
02						
03						
04						

♡ To-Do List ♡

♡ Note ♡

♡ Date ♡

/ ( )

♡ Memo ♡

h   min

♡ 🕐 Time Record ♡

	10	20	30	40	50	60
05						
06						
07						
08						
09						
10						
11						
12						
13						
14						
15						
16						
17						
18						
19						
20						
21						
22						
23						
24						
01						
02						
03						
04						

♡ To-Do List ♡

♡ Note ♡

♡ Date ♡

/ ( )

♡ Memo ♡

♡ 🕐 Time Record ♡

♡ To-Do List ♡

♡ Note ♡

	10	20	30	40	50	60
05						
06						
07						
08						
09						
10						
11						
12						
13						
14						
15						
16						
17						
18						
19						
20						
21						
22						
23						
24						
01						
02						
03						
04						

♡ Date ♡

/ ( )

♡ Memo ♡

h   *min*

♡ 🕐 Time Record ♡

	10	20	30	40	50	60
05						
06						
07						
08						
09						
10						
11						
12						
13						
14						
15						
16						
17						
18						
19						
20						
21						
22						
23						
24						
01						
02						
03						
04						

♡ To-Do List ♡

♡ Note ♡

♡ Date ♡

/   (   )

♡ Memo ♡

h   *min*

♡ 🕐 Time Record ♡

	10	20	30	40	50	60
05						
06						
07						
08						
09						
10						
11						
12						
13						
14						
15						
16						
17						
18						
19						
20						
21						
22						
23						
24						
01						
02						
03						
04						

♡ To-Do List ♡

♡ Note ♡

♡ Date ♡

/　　（　　）

♡ Memo ♡

♡ To-Do List ♡

♡ Note ♡

_h_　　　_min_

♡ 🕐 Time Record ♡

	10	20	30	40	50	60
05						
06						
07						
08						
09						
10						
11						
12						
13						
14						
15						
16						
17						
18						
19						
20						
21						
22						
23						
24						
01						
02						
03						
04						

♡ Date ♡

/ ( )

♡ Memo ♡

♡ To-Do List ♡

♡ Note ♡

h   *min*

♡ 🕐 Time Record ♡

	10	20	30	40	50	60
05						
06						
07						
08						
09						
10						
11						
12						
13						
14						
15						
16						
17						
18						
19						
20						
21						
22						
23						
24						
01						
02						
03						
04						

♡ Date ♡

/ ( )

♡ Memo ♡

h   min

♡ 🕐 Time Record ♡

♡ To-Do List ♡

	10	20	30	40	50	60
05						
06						
07						
08						
09						
10						
11						
12						
13						
14						
15						
16						
17						
18						
19						
20						
21						
22						
23						
24						
01						
02						
03						
04						

♡ Note ♡

♡ Date ♡

/　　（　　）

♡ Memo ♡

h　　　*min*

♡ 🕐 Time Record ♡

♡ To-Do List ♡

	10	20	30	40	50	60
05						
06						
07						
08						
09						
10						
11						
12						
13						
14						
15						
16						
17						
18						
19						
20						
21						
22						
23						
24						
01						
02						
03						
04						

♡ Note ♡

♡ Date ♡

/ ( )

♡ Memo ♡

h *min*

♡ 🕐 Time Record ♡

	10	20	30	40	50	60
05						
06						
07						
08						
09						
10						
11						
12						
13						
14						
15						
16						
17						
18						
19						
20						
21						
22						
23						
24						
01						
02						
03						
04						

♡ To-Do List ♡

♡ Note ♡

♡ Date ♡

/ ( )

♡ Memo ♡

h   *min*

♡ To-Do List ♡

♡ 🕐 Time Record ♡

	10	20	30	40	50	60
05						
06						
07						
08						
09						
10						
11						
12						
13						
14						
15						
16						
17						
18						
19						
20						
21						
22						
23						
24						
01						
02						
03						
04						

♡ Note ♡

♡ Date ♡

/ ( )

♡ Memo ♡

h   *min*

♡ 🕐 Time Record ♡

	10	20	30	40	50	60
05						
06						
07						
08						
09						
10						
11						
12						
13						
14						
15						
16						
17						
18						
19						
20						
21						
22						
23						
24						
01						
02						
03						
04						

♡ To-Do List ♡

♡ Note ♡

♡ Date ♡

/ ( )

♡ Memo ♡

h　　min

♡ 🕐 Time Record ♡

	10	20	30	40	50	60
05						
06						
07						
08						
09						
10						
11						
12						
13						
14						
15						
16						
17						
18						
19						
20						
21						
22						
23						
24						
01						
02						
03						
04						

♡ To-Do List ♡

♡ Note ♡

♡ Date ♡

/   (   )

♡ Memo ♡

♡ To-Do List ♡

♡ Note ♡

Total Time

h   *min*

♡ 🕐 Time Record ♡

	10	20	30	40	50	60
05						
06						
07						
08						
09						
10						
11						
12						
13						
14						
15						
16						
17						
18						
19						
20						
21						
22						
23						
24						
01						
02						
03						
04						

♡ Date ♡

/   (   )

♡ Memo ♡

h   *min*

♡ 🕐 Time Record ♡

	10	20	30	40	50	60
05						
06						
07						
08						
09						
10						
11						
12						
13						
14						
15						
16						
17						
18						
19						
20						
21						
22						
23						
24						
01						
02						
03						
04						

♡ To-Do List ♡

♡ Note ♡

♡ Date ♡

/ ( )

♡ Memo ♡

h *min*

♡ 🕐 Time Record ♡

♡ To-Do List ♡

♡ Note ♡

	10	20	30	40	50	60
05						
06						
07						
08						
09						
10						
11						
12						
13						
14						
15						
16						
17						
18						
19						
20						
21						
22						
23						
24						
01						
02						
03						
04						

♡ Date ♡

/ （ ）

♡ Memo ♡

♡ To-Do List ♡

♡ Note ♡

h   min

♡ 🕐 Time Record ♡

	10	20	30	40	50	60
05						
06						
07						
08						
09						
10						
11						
12						
13						
14						
15						
16						
17						
18						
19						
20						
21						
22						
23						
24						
01						
02						
03						
04						

♡ Date ♡

/   (   )

♡ Memo ♡

♡ To-Do List ♡

♡ Note ♡

Total Time

h   *min*

♡ 🕐 Time Record ♡

	10	20	30	40	50	60
05						
06						
07						
08						
09						
10						
11						
12						
13						
14						
15						
16						
17						
18						
19						
20						
21						
22						
23						
24						
01						
02						
03						
04						

♡ Date ♡

/　　　（　　）

♡ Memo ♡

h　　　*min*

♡ To-Do List ♡

♡ 🕐 Time Record ♡

	10	20	30	40	50	60
05						
06						
07						
08						
09						
10						
11						
12						
13						
14						
15						
16						
17						
18						
19						
20						
21						
22						
23						
24						
01						
02						
03						
04						

♡ Note ♡

♡ Date ♡

/   (   )

♡ Memo ♡

♡ To-Do List ♡

♡ Note ♡

Total Time

h   *min*

♡ 🕐 Time Record ♡

	10	20	30	40	50	60
05						
06						
07						
08						
09						
10						
11						
12						
13						
14						
15						
16						
17						
18						
19						
20						
21						
22						
23						
24						
01						
02						
03						
04						

♡ Date ♡

_____ / _____ (_____)

♡ Memo ♡

h   *min*

♡ To-Do List ♡

♡ 🕐 Time Record ♡

	10	20	30	40	50	60
05						
06						
07						
08						
09						
10						
11						
12						
13						
14						
15						
16						
17						
18						
19						
20						
21						
22						
23						
24						
01						
02						
03						
04						

♡ Note ♡

♡ Date ♡

/　　（　　）

♡ Memo ♡

Total Time

h　　　　*min*

♡ 🕐 Time Record ♡

	10	20	30	40	50	60
05						
06						
07						
08						
09						
10						
11						
12						
13						
14						
15						
16						
17						
18						
19						
20						
21						
22						
23						
24						
01						
02						
03						
04						

♡ To-Do List ♡

♡ Note ♡

♡ Date ♡

/   (   )

♡ Memo ♡

h   *min*

♡ To-Do List ♡

♡ 🕐 Time Record ♡

	10	20	30	40	50	60
05						
06						
07						
08						
09						
10						
11						
12						
13						
14						
15						
16						
17						
18						
19						
20						
21						
22						
23						
24						
01						
02						
03						
04						

♡ Note ♡

♡ Date ♡

/   (   )

♡ Memo ♡

h   *min*

♡ 🕐 Time Record ♡

♡ To-Do List ♡

♡ Note ♡

	10	20	30	40	50	60
05						
06						
07						
08						
09						
10						
11						
12						
13						
14						
15						
16						
17						
18						
19						
20						
21						
22						
23						
24						
01						
02						
03						
04						

♡ Date ♡

/   (   )

♡ Memo ♡

h   *min*

♡ 🕐 Time Record ♡

	10	20	30	40	50	60
05						
06						
07						
08						
09						
10						
11						
12						
13						
14						
15						
16						
17						
18						
19						
20						
21						
22						
23						
24						
01						
02						
03						
04						

♡ To-Do List ♡

♡ Note ♡

♡ Date ♡

/ ( )

♡ Memo ♡

♡ To-Do List ♡

♡ Note ♡

h *min*

♡ 🕐 Time Record ♡

	10	20	30	40	50	60
05						
06						
07						
08						
09						
10						
11						
12						
13						
14						
15						
16						
17						
18						
19						
20						
21						
22						
23						
24						
01						
02						
03						
04						

♡ Date ♡

/ ( )

♡ Memo ♡

h　　　*min*

♡ To-Do List ♡

♡ 🕐 Time Record ♡

	10	20	30	40	50	60
05						
06						
07						
08						
09						
10						
11						
12						
13						
14						
15						
16						
17						
18						
19						
20						
21						
22						
23						
24						
01						
02						
03						
04						

♡ Note ♡

♡ Date ♡

/ ( )

♡ Memo ♡

h *min*

♡ 🕐 Time Record ♡

♡ To-Do List ♡

	10	20	30	40	50	60
05						
06						
07						
08						
09						
10						
11						
12						
13						
14						
15						
16						
17						
18						
19						
20						
21						
22						
23						
24						
01						
02						
03						
04						

♡ Note ♡

♡ Date ♡

/   (   )

♡ Memo ♡

♡ To-Do List ♡

♡ Note ♡

h   *min*

♡ 🕐 Time Record ♡

	10	20	30	40	50	60
05						
06						
07						
08						
09						
10						
11						
12						
13						
14						
15						
16						
17						
18						
19						
20						
21						
22						
23						
24						
01						
02						
03						
04